现代信息技术下
高校体育教学改革的审视

田雪文 著

吉林出版集团股份有限公司
全国百佳图书出版单位

图书在版编目（CIP）数据

现代信息技术下高校体育教学改革的审视／田雪文
著. -- 长春：吉林出版集团股份有限公司，2021.7
　ISBN 978-7-5731-0209-6

　Ⅰ.①现… Ⅱ.①田… Ⅲ.①体育教学－教学改革－
高等学校 Ⅳ.①G807.4

中国版本图书馆CIP数据核字（2021）第152982号

XIANDAI XINXI JISHU XIA GAOXIAO TIYU JIAOXUE GAIGE DE SHENSHI

现代信息技术下高校体育教学改革的审视

著　　者　田雪文
责任编辑　冯　雪
装帧设计　马静静

出　　版　吉林出版集团股份有限公司
发　　行　吉林出版集团社科图书有限公司
地　　址　吉林省长春市南关区福祉大路5788号　邮编：130118
印　　刷　北京亚吉飞数码科技有限公司
电　　话　0431-81629712（总编办）　0431-81629729（营销中心）
抖 音 号　吉林出版集团社科图书有限公司 37009026326

开　　本　710 mm×1000 mm　1 / 16
印　　张　12
字　　数　202千字
插　　图　22幅
版　　次　2022年6月第1版
印　　次　2022年6月第1次印刷

书　　号　ISBN 978-7-5731-0209-6
定　　价　78.00元

如有印装质量问题，请与市场营销中心联系调换。0431-81629729

前言

PREFACE

目前,信息技术作为现代教学手段广泛应用于高校教学中。信息技术给高等教育带来了全面与深刻的影响,基于信息技术而形成的教育技术作为深化教育改革的突破口发挥了举足轻重的作用,以教育信息化带动教育现代化成为我国教育改革发展的重要战略。随着信息化的不断推进,人才培养观念也发生了变革,社会需要的人才是理论知识丰富和一专多能的全面发展型人才。体育教学作为高校教育的重要组成部分,不仅要培养健康的人才,还要适应社会需求,培养全面发展的人才。但目前,高校体育教学存在诸多问题,无法适应社会发展的需求。对此,我们要加强对高校体育教学各要素的深入改革,在现代教育理念下,加强对大学生综合素质的培养,并提供信息技术环境,提升大学生的自主探索意识与自我学习能力。将信息技术应用于高校体育教学中,加强体育教学的信息化改革与创新,正是进行素质教育、全面教育的良好途径,这将为培养信息时代的全面型人才做出重要贡献。基于此,作者在查阅大量相关著作文献的基础上,精心撰写了本书。

本书共有九章内容。第一章阐述现代信息化教学的基本理论及国内外信息化教学的发展情况,以对信息化教学形成基本的认识与理解。第二章分析我国高校体育教学改革与发展的基本情况及未来趋势,并从现状出发,结合信息技术背景探讨体育教学改革与发展的策略。第三章对信息技术和体育教学融合与发展的理论以及机制展开研究,从而为将信息技术融入体育教学的改革与发展中提供科学的理论与方法指导。第四章至第八章分别对现代信息技术下高校体育教学内容、教学手段与方法、教学设计、教学模式、教学环境等教学要素的改革与发展进行了研究,提出将信息化技术运用于各个教学要素改革与创新中的有效建议与策略,最终整体提升高校体育教学系统改革与创新发展的效果。第九章分析了现代信息技术在高校体育教学中应用的基本情况,指出了应用的问题,提出了解决对策,并通过案例展开实证研究,从而为提升信息技术在高校体育教学中的应用效果以及为不同体育项目教学中科学应用信息技术提供参考与借鉴。

总体而言,本书具有以下几个特征:

第一,系统性。本书主要在现代信息技术背景下探索高校体育教学的改革与发展策略,首先分析信息化教学的理论及发展、高校体育教学改革与发展的情况以及信息技术与体育教学的融合发展,然后全面而系统地探讨了现代信息技术下高校体育教学内容、教学方法与手段、教学设计、教学模式、教学环境等教学要素的改革与发展思路,最后对现代信息技术在高校体育教学中的科学应用展开分析。总体来看,结构完整,内容丰富,层次清晰,具有较强的系统性。

第二,时代性。在全球已进入信息化时代的今天,加快教育强国的建设步伐,推动信息技术与体育教育的深度融合,在信息化技术背景下对高校体育教学进行深入改革与全面创新,这是我国尽快实现教育现代化战略目标的重要环节,具有重要的时代意义和现实意义。

第三,创新性。高校要推进高校体育教学的发展,就要树立信息化教学理念,推动信息技术与体育教学的深度融合,走信息化改革与创新之路。为此,本书专门研究了信息技术与体育教学融合发展的科学理论与机制,为在信息技术下全面改革体育教学提供了理论支撑和方法指引。此外,在体育教学的信息化改革中,应将信息技术融入体育教学的各个要素中,将信息技术贯穿于体育教学的始终。因此,本书提出如何在现代信息技术下改革体育教学各要素,具有创新意义。

总之,本书主要在现代信息技术背景下对高校体育教学改革展开研究,在对现代信息技术教学、高校体育教学改革及二者融合发展进行分析的基础上,详细探讨了现代信息技术下高校体育教学体系中各教学要素的改革与发展策略。希望本书能够为促进我国高校体育教学改革效果和发展水平的提升做出贡献。

　　本书在撰写过程中参考并借鉴了很多专家、学者的研究成果,在此表示诚挚的感谢。由于作者水平有限,书中难免有不妥与疏漏之处,敬请广大读者批判指正。

作　者

2021 年 6 月

目录

CONTENTS

第一章　现代信息化教学及其发展概述

随着信息技术的发展和教学改革的深入,信息技术在教学中的运用越来越广泛,利用信息技术进行教学的优势被更多的人肯定,信息化教学也已经成为大势所趋。本章将从信息化教学的概念与内涵、信息化教学的基本要素与特征、信息化教学的理念与原则、国内外信息化教学的发展四个方面,对现代信息化教学及其发展进行概述。

第一节　信息化教学的概念与内涵

一、信息化的概念与内涵

信息化是指将信息作为构成某系统或某领域的基本要素,并对该系统或者该领域中的信息生成分析、处理、传递和利用所进行的有意义活动的总称。

信息化一词最早是由一位叫梅棹忠夫的日本人在 1963 年提出来的,他在其出版的书籍《信息产业论》中描述了他认为的"信息革命""信息产业化"的前景。之后,这本书被翻译成英文,其中的"信息化"一词也一并被传入到西方。

20 世纪 70 年代,"信息化"一词在西方社会得到广泛传播,越来越多的人开始了解并使用该词语,"信息化"一词成为世界性词语。与此同时,人们开始从技术、经济、社会、国家、生产等各个领域,对"信息化"一词进行解释和定义。

二、现代信息化教学的概念与内涵

现代信息化教学是指以现代教学理念为指导,以信息技术为支持,应用现代教学方法进行人才培养的教学活动。现代信息化教学具有现代和信息化两个特点，其中，现代指的是教学理念和教学方法都必须要具有时代的先进性；信息化是指要利用信息技术、多媒体设备和网络教学资源等作为教学的辅助手段。随着网络的普及和信息技术的发展，信息化教学已经成为一种非常常见的教学方式，信息技术已经贯穿整个教学活动的始终，这对于教学质量和教学效率的提升具有非常重要的意义。

信息化教学的最终目的是促进教学效率和教学质量的提高。这要求必须要将信息技术充分运用到信息化教学的过程中，使信息技术的优势得到充分发挥。同时还要注重开发并使用多媒体教学资源，促进教育信息交流和教育资源共享的发展。

三、现代信息化教学与传统教学之间的差异

我们将以表格的形式将现代信息化教学和传统教学之间的差异列举出来，具体内容如表 1-1 所示。

表 1-1　现代信息化教学和传统教学之间的差异 [①]

关键要素	传统教学	信息化教学
教学策略	教师导向	教师引导、学习者探索
讲授方式	教师讲授	交互性指导
学习内容	单学科的独立模块	带逼真任务的多学科延伸模块
作业方式	个体作业	协同作业
教师角色	教师作为知识施与者	教师作为帮促者
分组方式	同质分组（按能力）	异质分组
评估方式	针对事实性知识和离散技能的评估	基于绩效的评估

---

① 姜永生.信息化教学概论 [M].北京：中国铁道出版社，2018.

第二节　信息化教学的基本要素与特征

一、信息化教学的基本要素

（一）媒体

媒体是现代信息化教学的基本要素之一。现代信息化教学使用的媒体主要是指包括录音、录像、电视、多媒体等在内的现代教学媒体,其定义为:近一个世纪以来,利用科技成果发展起来并被引入到教学领域的电子传播媒体,以及它们组合成的教学媒体系统,比如语言实验室、多媒体综合教室等。①

媒体在现代信息化教育中的广泛应用与人们媒体观的发展变化息息相关,媒体观是指人们对媒体总的认识和看法,即对媒体本质及其价值的根本看法和态度。现代信息化教学中,人们充分肯定媒体在教育中的重要作用,认为媒体是开展教育的物质基础和平台,离开媒体信息化,教育将不复存在。人们的媒体观念和媒体在教学中的应用之间是相互促进的关系,一方面,校园网、各种多媒体技术进入教学让人们改变了媒体观;另一方面,媒体观念的转变又促进更多的媒体技术进入到教学领域,促进信息化教学的进一步发展。

（二）教师

教师也是教学活动中必不可少的因素,在教学活动中起着不可替代的作用。每种教学模式都会对教师提出不同的要求,现代信息化教学中的教师必须要具备以下素质。

1.掌握现代教学理念

一名合格的现代信息化教学教师,必须要转变传统的教学观念,掌握现代教学理念。

现代教学理念是指在人本主义、构建主义等新型教育思想的基础

---

① 曾大立.信息化教育与英语教学[M].北京:九州出版社,2018.

上形成的教学理念,包括尊重学生的主体地位,强调培养学生的主观能力,促进师生之间和学生之间的交流沟通等。教师必须要从思想上根本接受并掌握现代教学理念,并以此为依据,开展科学合理的教学活动。

2.具备信息化教学能力

信息化教学能力由信息素养和信息化教学设计能力两方面组成,教师必须促进两方面协调一致发展,才能全面提高自己的信息化教学能力。

(1)信息素养

信息素养包含信息意识、信息知识、信息能力、信息道德四个方面的要求。

其中,信息意识是指要具备了解信息化教学的主动性和敏锐性,主动进行信息化学习,比如了解什么是信息、什么是信息化、什么是信息化教学等;信息知识是指学习并储备一定的信息知识,比如了解信息化教学的相关理论、原则、方法等;信息能力是指利用信息技术和信息资源开展教学活动的能力,从信息技术上说,教师要学会使用各种新媒体设备、新媒体软件等,从信息资源上说,教师要学会搜集、处理、整合、创新各种教学信息资源;信息道德是指教师在使用和传播信息的过程中必须遵守道德,比如尊重信息资源的版权、具备一定的信息安全意识等。

(2)信息化教学设计能力

教学设计能力是教学能力的重要组成部分,能够对教学效果产生重要的影响。教师在信息化教学的过程中,必须要以信息化教学环境为基础,以信息资源和课程内容为重点,以信息技术为依托,设计出符合信息化教学观念的教学活动,充分体现信息化教学的优势,促进学生的全面发展。

(3)适应多种角色

现代信息化教学中,教师需要扮演多种角色并承担不同的义务。比如,教师需要扮演教学引导者的角色,承担设计教学活动、向学生传授知识、引导学生进行学习的任务;教师还需要扮演学生的朋友的角色,承担增进和学生之间的交流和沟通,及时了解学生的状况并对学生进行调节的任务;教师还需要扮演学生学习的同伴,拉近与学生的距离,和学生共同探索、共同进步。

（三）学生

学生是教学活动的主体，是信息化教学中最主要的因素之一。信息化教学中新的教学理念和教学技术的出现，也对学生提出了更高的要求，学生必须具备以下几项素质，才能适应现代信息化教学的需要。

1. 学习方式多样化

信息化教学要求学生具备多样化的学习方式。一方面，学生需要把握课堂，运用合适的学习方法掌握教师在课堂上教授的知识；另一方面，学生要学会利用媒体技术和媒体资源，完善和拓展自己的学习。学生的学习从简单的被动学习转变成主动学习，学生的学习方式也必须从以前的被动接受、死记硬背等，转变成主动进行探索研究、主动进行知识构建、主动进行合作学习等。

2. 运用信息的能力

互联网时代背景之下，信息资源是最广泛的资源，但并不是所有的信息资源都是有效的，只有根据自己的需求认真筛选，并对筛选后的信息进行加工、整合、创新等，才能真正实现信息资源的价值。学生在学习的过程中也需要不断提升自己运用信息的能力，寻找有效的学习资源并合理使用，真正发挥教育信息资源的作用。

3. 较强的综合能力

现代化信息教学的特点要求学生还必须具备较强的综合能力，学生的综合能力主要包含以下几个方面。

（1）自主学习能力

自主学习能力是指学生需要主动进行学习，并且合理有序地安排自己的学习活动，比如需要自主确定学习目标、自主选择学习内容、自主获取并合理利用学习资源、自主进行学习评价等。

（2）与他人进行合作交流的能力

现代信息化教学强调教师和学生之间的交流、学生和学生之间的交流，重视学生合作学习的能力。因此，与他人进行合作、交流的能力也是信息化教学对学生的能力要求之一，学生要在学习的过程中不断发展和提升自己与他人进行合作交流的能力。

（3）创造能力

创造能力是指学生发现新问题或者对已有的问题提出新见解的能力，创造能力是信息化时代最重要的能力之一。信息化教学要求学生具备创造能力，是指学生要在学习的过程中，突破原有思维的禁锢，大胆提出质疑，大胆提出自己的看法和见解；学会将自己所学的知识迁移到新的场景中，解决自己之前没有遇到过的问题，提高自己解决问题的能力。

（四）教学内容

教学内容是指教学过程中教学的知识、技能、教学的方法、教学的形式等内容。现代信息化教学的教学内容主要有以下几个方面的特征。

1. 表现形态多媒体化

表现形态多媒体化是现代信息化教学的重要特点之一。人们在教学的过程中借助信息技术和多媒体设施，将教学内容制作成图画、视频等形式，将抽象的教学内容通过更加直观、简单的方式呈现出来，能够帮助学生建立直观表象，增强学生对知识的理解和记忆。

2. 处理数字化

传统的教学内容处理方式是将教学内容制作成模拟信号，而现代信息化教学中，人们将教学内容转换成数字信号，一方面有助于教学内容的处理和使用，另一方面有助于教学内容的储存。

3. 传输网络化

现代信息化教学中，教学内容通过网络进行传播，无论学习者身在何处，只需要进入网络便可以获得教学内容，极大地提高了学习活动的便利性。

4. 超媒体线性组织

信息化教学内容采用超媒体技术构建，支持文本、音频、视频、图形、图像、动画等多媒体信息，并采用网状结构非线性地组织、管理信息的超文本方式，对教学信息进行有效的组织，适合人脑的认知思维方式，也有利于有效地组织教学信息，促进知识的迁移。

二、信息化教学的特征

（一）教学过程的资源性

教学资源是现代信息化教学的基础,信息化教学就是在此基础上采用系统论的方法来改善教学过程中的各个方面,最终实现优化教学过程、提升教学效果的目的的。

（二）学习内容的综合性

学习内容的综合性是现代信息化教学的重要特点之一。信息化教学有利于内容为交叉学科的单元学习、专题学习,强调学习内容的综合性。信息化教学中,可提供交叉性的学科专题学习,将支持本专题学习的不同学科或不同单元的学习资源整合为一体,使信息资源具有更大的多维性、综合性。学习者可根据自己的需要和兴趣动态选择学习资源、学习方式,或选择不同的学习方向。这种灵活性、综合性的学习,有利于发挥学习主体的潜能,发展人的创造性。

（三）教学模式的多样性

信息化教学能够为学习者提供多种学习模式,如资源型学习模式、合作型学习模式、研究型学习模式等。

就资源型学习模式来说,信息化教学能够提供丰富的教学资源,学习者可以根据自己的需求任意选择学习资源,丰富的教学资源有助于拓宽学习者的学习广度、加深学习者的学习深度。

就合作型学习模式来说,信息化教学强调教师和教师之间的互动、教师和学生之间的互动、学生和学生之间的互动,并通过信息技术为教学互动创造各种机会和条件,对于增加教学的趣味性、锻炼学生的交流沟通能力起到了积极的作用。

就研究型学习模式来说,信息化教学要求教师引导学生主动发现问题,主动对问题进行研究,并通过独立思考、合作交流、查阅信息等方式尝试解决问题。这对于培养学生的主动性、创造性以及解决问题的能力都有非常重要的作用。

（四）教学周期的单元性

教学单元是指按照教材的章节或者教学内容的主题联系等，划分的相关教学内容。信息化教学将教学单元作为制定教学学时的依据，充分体现了现代信息化教学方式的合理性，为学习者提供了科学合理的学习时间。

（五）教学评价的多元性

现代信息化教学评价的多元性体现在多个方面。首先，现代信息化教学评价的主体具有多元性，评价主体既可以是教师，也可以是学生，还可以是家长、社会人士等；其次，现代信息化教学评价的方式具有多样性，可以利用信息技术进行过程性评价、终结性评价、作品集评价等；最后，评价的对象具有多元性，既可以对学生的学习状况进行评价，也可以对教师的教学情况进行评价。

现代信息化教学多元的评价方式提高了教学评价的合理性和科学性，对于改善教学效果、促进教师和学生的共同成长具有非常重要的意义。

第三节 信息化教学的理念与原则

一、信息化教学的理念

（一）重视学生的主体地位

传统教学中，教师在教学活动中占据主体地位，教学活动基本上由教师掌控，学生的主体地位被忽略，成为知识的被动接受者。而现代信息化教学在先进教学理念的指导下，认为学生才是教学的主体，应该充分肯定并重视学生的主体地位。这就要求在教学过程中，一切教学活动的安排都必须要以利于学生的学习为出发点和最终目标，尊重学生的意愿和需求，引导学生发挥其主动性、创造性和自主性，将教学过程变为学生在教师的引导之下有意识地去建立对客观世界的认识的过程。

（二）强调由学生主动进行知识构建

根据构建主义学习理论，人们自身知识的获得并不是依赖教师的传授完成的，而是个人在一定的社会文化背景之下，借助教师以及其他人的帮助，并利用一定的学习资料，通过意义构建的方式获得的。现代信息化教学在构建主义学习理论的指导之下，摒弃了传统的由教师传授、学生被动接受的教学方法，强调学生必须积极主动地进行知识构建，只有这样才能真正获取知识，提高学习和掌握知识的能力。

（三）培养学生自主探究、合作学习的能力

现代信息化教育认为，教学最重要的目的不仅仅是让学生获取知识，更重要的是要培养学生进行学习的能力。而传统的教学活动中，学生基本上是被动地接受知识，通过死记硬背、机械训练等方式学习知识，这种教学方式很容易让学生丧失学习主动性，减弱学生的思考能力，不利于学生的长远学习。而信息化教学强调让学生主动参与到教学活动中，自己发现问题并利用各种方式探究问题，并且学会和同学以及其他人一起进行合作学习。现代化信息教学注重在教学过程中培养学生自主、探究以及合作学习的能力，等于为学生今后的学习提供了保证，有利于学生的长远发展。

（四）强调活动的重要性

传统的教学活动更讲究教学结果，相对比较忽略教学的过程，教学形式和教学方法单一，教学的枯燥感更强，不利于激发学生的学习兴趣，也不利于学生的全面发展。

现代信息化教学更加重视教学的过程，要求教师充分认识到教学过程的重要性。教师必须在教学的过程中，组织多种形式的教学活动，并引导学生积极参与到各种形式的教学活动中。通过丰富的教学活动培养学生各方面的能力和素质，促进学生的全面发展。

（五）重视发挥和培养学生的主观能动性

学生是教学活动的主体，教学的目的是促进学生的全面发展。现代信息化教学要求教师要在尊重学生个性的基础上,通过各种教学形式和教学方法激发学生的学习兴趣,发掘学生的天赋,使学生成为教学活动的主动者。教师要引导学生在教学过程中主动探索、主动解决问题,充分发挥其主观能动性,培养其主观能力。

（六）强调促进师生之间的交流

师生之间的良好交流互动是促进教学效果提升的重要保证。一方面,有利于学生了解教师,配合教师的教学活动;另一方面,有利于教师了解学生的想法,不断改进自己的教学,提高自己的教学水平。教师应该做促进师生之间交流的主动者,在教学过程中创造友好、平等的交流环境,使学生能够敞开心扉,两者之间进行真正有效的交流。

二、信息化教学的原则

（一）整合性原则

整合性原则是指在信息化教学的过程中,将教学所需的各个要素,比如信息资源、教学内容、人力资源、信息技术等都整合在一起,形成一个整体,发挥整体的优势以实现教学目标的原则。整合性原则是现代信息化教学中的首要原则。教师在进行整合的过程中,要注意各要素之间的协调关系,使各要素成为一个有机的整体,只有这样才能使整体的功能大于各要素的功能,使整体具备更大的作用。

（二）直观性原则

直观性原则是指在现代信息化教学的过程中,利用先进的信息技术和丰富的多媒体资源,为学生创造一定的教学情境,同时教师还要采用有效的教学方法和教学形式,引导学生进行观察和探究,帮助学生建立表象,形成感性认识,培养学生进行知识构建的能力,最终使学生获得理性认识。

之所以需要在信息化教学的过程中遵循直观性原则,是因为以少年儿童为代表的学生群体,主要思维方式是直观思维,只有让他们获得直观的器官感觉,才能加深他们对知识的认识和理解。借助信息技术和媒体资源,能够从视觉、听觉等方面帮助学生建立对事物的认识,使其对知识的学习变得更加简单直观,还能以丰富的形式激发学生的兴趣,使学生更加积极主动地参与到学习活动中去。

（三）参与性原则

参与性原则是指要求学生在学习过程中,根据教师的指导参与到教学活动中,并在教学活动中发挥自己的主体作用,发挥主观能动性和学习潜能,提升自己的学习能力以及和他人交流合作的能力,最终提升整个教学效果,实现教学目标的原则。

参与性原则是对学生主体地位的肯定,是将学生从被动学习转化为主动学习的必然要求,学生要发挥主体作用,进行主动学习、合作学习和探究学习,就必须要积极参与到各项教学活动中去。

信息化教学具有信息资源丰富、信息手段先进等优势,教师可以在借助各项信息资源和信息技术等优势的基础上,设计丰富多彩的教学活动,吸引学生参与到教学活动中来,提升学生参与的积极性和主动性。

（四）教师主导作用与学生主体作用相结合的原则

教师主导作用和学生主体作用相结合原则是指,在教学的过程中,一方面需要教师发挥其主导作用,引导学生进行学习,另一方面也需要学生发挥其主体作用,配合教师的教学,主动进行学习。只有两者有机结合,才能达到理想的学习效果。

学生的主体作用包括自主性、主动性和创造性三方面的要求。根据构建主义学习理论,学生必须要将教师在教学活动中提供的认识材料,通过一定的思维模式去接受、分析和理解,内化成自己的认识,并学会利用其解决问题。教师在这个过程中起到的是引导学生认识到自己的主体地位,激发学生的主动性和创造性等作用。教师的主导作用和学生的主体作用是教学活动的两个方面,缺一不可,只有两者相辅相成、相互促进,才能最大限度地发挥教学活动的作用,提高教学质量,实现教学目标。

（五）教学最优化原则

教学最优化原则是指在现代信息化教学的过程中,根据现代教育理念的指导,将参与到教学活动中的各个要素进行系统优化,从而取得最佳的教学效果的原则。

之所以要在现代信息化教学中遵循教学最优化原则,是因为各个教学要素组合之后形成的合力,是影响教学效果的决定性因素。最主要的教学因素主要包括教师、学生、媒体和教学内容四个方面,教学最优化原则要求在单独提升这四个方面的基础上,提高其组合的合理性和有序性,使各方面因素形成一个有机的系统,进而发生最大的效用。

第四节　国内外信息化教学的发展

一、国外信息化教学的发展

(一)美国信息化教学的发展

1993 年,美国提出"国家信息基础设施"理念,并制定了"教师在教学活动中熟练使用电脑、学生人手一台计算机"的计划。

1996 年,美国表示要在 2000 年实现全国所有学校都与国际互联网连通,使美国成为从小学到大学都达到"人、机、路、网"成片的国家。

1997 年,美国教育部提出教育信息化的相关条款,比如要求所有教师掌握现代计算机技术、要求教师教会学生掌握计算机技术并为教师提供培训等。

1998 年,美国政府拨款 510 亿美元,用于对美国公民进行计算机技术培训,并希望美国公民利用计算机技术进行终身学习。在各种政策的推动下,美国的信息化教育迅速发展。

到了 21 世纪初期,美国借助互联网进行知识和专业技能学习的个人已经超过 7000 万,还有 60% 以上企业的员工培训和员工再教育也借助互联网进行。

此外,美国学校的联网率也迅速提高。1994 年美国校园的联网率仅为 3%,而 1999 年就已经发展到了 63%,2000 年已经突破 90%。

近年来,美国信息化教学依旧在快速发展。根据调查,美国在课堂上使用计算机软件进行教学的学校为 86.4%,69.5% 的高校的学生可以借助 E-mail 或者 BBS 进行课堂讨论或者收交作业,等等。

美国的信息化教育之所以能够发展如此迅速,除了美国雄厚经济条件的支持外,和美国政府对信息化教育的重视也不无关系。信息化时代,哪个国家能够抢占发展先机,就能获得发展的优势,美国的这一做法值得其他国家借鉴。

(二)欧洲信息化教学的发展

1.法国

法国的信息化教育发展开始于 1998 年,当时的教育部制定了 3 年之内的教育信息发展方案,并确定发展的重点是培养信息化教育人才,提高教师使用信息化技术的水平。为了配合这一政策,法国将当时学校的计算机配置标准从初中生 32 人 1 台、高中生 12 人 1 台提高到初中生16 人 1 台,高中生 6 人 1 台,以增加学校师生使用计算机的频率。

2.英国

英国的信息化教育发展开始于 1995 年,一个名叫"教育高速公路:前进之路"的议案拉开了教育信息化发展的序幕。1998 年,英国正式立法宣布中小学的信息技术课程由原来的选修课变为必修课,并制定了信息技术课评价的九项标准。英国政府还规定,教育经费中必须有 6%用于购置计算机,联网的中小学必须要占全国中小学总数的 20%,其中初中学校占这 20%的 85%,小学学校占这 20%的 15%。

(三)亚洲信息化教育的发展

1.日本

日本的信息化教育是亚洲各国中信息化教育发展的巅峰,一度要超过美国成为世界第一。

1990 年,日本文部省提出一项九年行动计划,提出要为全日本的所有学校都配置多媒体设施,并对教师进行培训以提高其使用多媒体的技术水平的计划。

1994 年,日本提出"百校联网工程",进一步推进信息化教育的发展。

1997 年,日本面对教师开设了"教育信息化方法与技术"的课程,培训教师使用多媒体设备和技术。

1998 年,日本教育课程审议会发表了题为"关于教育课程基本走向"的咨询报告书,进一步明确了信息教育课程的运作细则。

2. 韩国

韩国的信息化发展比较早,发展程度也比较快。韩国的中小学是世界上第一个连上国际互联网的中小学,并且韩国为学校提供的联网服务是免费的。

1995 年,韩国教改委员会制定《建立主导世界化、信息化时代新教育体制的教育改革》方案,开始进行信息化教育建设。

1999 年,韩国政府开始在高中阶段实行信息素养认证制度,同时又颁布了《中小学信息通信技术必修化计划》,进一步促进了信息化教育的发展。

3. 新加坡

1996 年,新加坡提出全国教育信息化计划,在计划中提出国家将拨款 20 亿美元,为新加坡的所有家庭以及所有学校的教室都连上互联网。同时还要求在学校中,平均每两名学生就要拥有一台微机,每位教师都要配备一台笔记本电脑。

1997—2002 年的新加坡 MIT 总体教育信息化规划中,提出新加坡全国的教师都必须要进行 MIT 应用能力培训,并且将其作为取得教师资格证的必需条件之一。

二、国内信息化教学的发展

(一)我国信息化教学的发展历程

自改革开放以来,我国一直将现代化作为教育发展的方向,并采取一系列措施促进教育信息化发展。

1978 年,我国创办第一所中国广播电视大学。

1986 年,中国教育电视台诞生。

1995 年,中国教育与科研互联网开始建立,为我国教育信息化开创了基础。

1997 年,我国的教育电视台和收转台的数量达到 900 多个。

1998 年,我国批准清华大学等四所普通高校采用数字压缩技术和 ATM 技术开始进行远程教育试点工作。

1999 年 1 月,国务院提出"面向 21 世纪教育振兴行动计划",明确提出以下几点要求：

（1）实施并做好"现代远程教育工程"，在教育资源比较短缺的情况下尽最大的努力实施好战略措施。

（2）在现有条件的基础上，继续扩大中国教育科研网的传输容量和联网规模。

（3）继续发挥卫星电视教育在现代远程教育中的作用，改造现有广播电视传输网络，建设中央站，并与中国教育科研网进行高速连接，进行部分远程办学点的联网改造。

（4）支持教育软件开发和生产基地建设，开发优质教育软件；持续完善远程教育资源库。

1999年6月，国务院又发布了《中共中央国务院关于深化教育改革全面推进素质教育的决定》，对信息化教育发展提出了更加明确的要求。具体要求内容如下：

（1）大力提高教育技术手段的现代化水平和教育信息化程度。

（2）国家支持建设以中国教育科研网和卫星视频系统为基础的现代远程教育网络。

（3）充分利用现有资源和各种音像手段，继续搞好多样化的电化教育和计算机辅助教学。

（4）在高中阶段的学校和有条件的初中、小学普及计算机操作和信息技术教育。

（5）使教育科研网络进入全部高等学校和主要中等职业学校，逐步进入中小学。

（6）采取有效措施，大力开发教育教学软件。

（7）运用现代远程教育网络为社会成员提供终身学习的机会，为农村和边远地区提供适当需要的教育。[①]

2001年，我国有30多个城市可以享受到中国教育科研网的高速主干网，有35个城市能够享受到中高速地区网，超过100所高校能够接入中国教育科研网。此外，中国教育科研网的网速也有了极大的提升。

2002年，我国20%的学校开始进行计算机教育。

此后，在国家的大力推动之下，中国的信息化教育持续发展，信息化教育水平得到显著提升，多媒体设施和信息技术已经在全国范围内得到

---

① 唐君.高校英语信息化教学研究[M].北京：中国国际广播出版社，2017.

基本普及。

（二）我国信息化教育取得的成绩

（1）基础设施建设是促进信息化教学发展的首要条件，经过多年建设，我国的教育信息化基础设施已经具备一定的规模。

（2）我国的教育软件开发技术已经非常成熟，大量优质教育软件被开发并投入使用。

（3）远程教育在我国得到普遍应用。

（4）越来越多的信息化人才被培养出来，为我国在信息时代背景之下的发展提供了强有力的人才支持。

（5）与教育信息化发展相关的产业逐渐发展起来，为我国增加了新的经济增长点。

（6）促进了约束教育信息化规范发展的各种政策、法规、标准的出台和完善。

第二章 高校体育教学改革与发展的态势

我国在高校体育教学改革的过程中,经过不断地摸索和实践,取得了显著的成绩。但同时在工作中也遇到一些问题,比如教育观念较落后,教学形式较保守等。本章主要从高校体育教学改革中存在的具体问题、发展对策、未来发展趋势以及在信息技术背景下高校的教学改革策略有哪些应对措施进行论述。

第一节 高校体育教学发展现状分析

一、高校体育教学的发展现状

（一）重内容和轻结构

在计划经济时期,高校的教育处于一个相对比较封闭的发展模式,因此曾经有相当一段时间,高校体育教学的发展和改革落后于社会的发展进程。在传统教育理念下,高校体育的发展强调的是突出内涵,而对于结构的优化显得有些轻视和忽略。我国高校体育教学由于长期被传统体育教育思想影响,因此对体育的基本知识、基本技术、基本技能的教育比较重视,而对学生的体育能力的培养比较轻视。其"重内容轻结构"的另一个表现为,在教学方法、指导思想和教学体系等方面没有明确的指导和具体的要求,相对而言表现出比较薄弱和塌陷的状态,体育教学更多的是强调体育成绩,而轻视了对学生体育能力的培养。

（二）意识与实践不同步

近年来,高校的体育教学在加紧步伐努力适应环境发展的需要,由内而外地发生了一系列的改革和调整。在教学目标方面,从单纯对增强学生体质的重视,逐渐提升为对育人的重视。但是,在体育教学实践中,还存在很多的实际问题,需要很多实践摸索。比如,高校体育的"育人"目标,在教学实践中对标准和具体执行的内容还比较模糊,缺乏科学、明晰的教学理念和实践框架。意识层面的提升,还需要在实践中有据可依,这需要我们的高校和体育教师的共同努力,力求尽快发展和摸索出适合我国国情的高校体育教学模式。比如,在课程内容的设置上,同终身体育观、全面推行学分制的具体要求并不相符。"育人"首先强调的是以人为本,在这方面,我们的高校体育教学还有很长的路要走。比如,对于不同专业的学生,是否应该根据专业课的方向成立不同的教研组,开设不同的体育课程,实施分类教学。即便对于同专业的学生,我们是否有几套备案来应对不同的情况,比如雨雪天气,比如设置重要体育赛事的现场教学等。

(三)体育教师需努力提升

当前,我国高校的体育教师在整体的能力水平上,与其他学科的教师还存在着不小的差距,无论是在学历层面还是知识结构方面,都同其他学科教师存在一定的差距。我们的体育教师在技术教学方面能力突出,但是在综合素养方面比较薄弱,这在很大程度上制约着高校体育教学的改革进程。我们的体育教师需要在加强自身专业技能的基础上,努力提高自己的科研能力和综合知识结构,提升自己的综合素养和教学水平,争取做到一专多能,适应新时代对高校体育教学的需求。在高校体育教学的工作中,体育教师应有意识地将教学方向由教师主导调整为由学生主导、服务学生、适应学生,做到因材施教而不是因教施教。提升自身素质和转变教学观念同步进行,以求能够更快地提升教学质量,积极激发学生发挥其主观能动性,让体育教学在教与学的积极互动中进行。

二、体育教学工作中的问题

我国近年来国力增长、经济腾飞,成绩显著,同时在其他各个方面也同样经历着快速迭代与进步。我们知道国力的竞争实际上就是教育的竞争,所谓少年强则国强,只有抓好教育,国家才能持续发力,才能在激烈的国际竞争中立于不败之地。作为高校教育的重要组成部分,高校体育教学在其中发挥着举足轻重的作用。众所周知,国家对素质教育给予了充分的重视和关注。对于素质教育来说,德、智、体、美应该全面发展,其中体育教育又是串联起其他各个方面的重要学科,加强体育教育可以全面地促进学生的综合素质的提高。因此体育始终是素质教育中重要的内容。体育教学工作不仅承担着增强学生体质,还兼具培养学生积极乐观的生活态度、帮助学生养成勇敢坚毅的精神品质的责任。但是,在实际工作中,我们的高校体育教学还存在着诸多现实问题,主要表现在以下几个方面。

（一）体育教学观念较落后

教育教学与时代背景息息相关,与当时的社会经济、政治和文化等多方面因素是相互影响的。比如我国早期的体育教学观念主要表现为健康体魄,为了服务国家建设而努力。但是随着社会、经济、文明的不断发展,我们的体育教学慢慢地以发扬体育精神和尊重学生自身的体育爱好为中心而进行发展。

近几十年来,我国在体育教学方面展开了多方面的改进,不断地向体育强国学习,吸取他们的成功经验。通过及时地吸取国外先进的体育教学思想和科学理论,使我国在体育发展方面获得了十分理想的成果。然而不可否认的是,尽管在某些方面取得了显著的成绩,但是也存在一定的问题,比如发展的盲目性和片面性,具体地讲,就是重视竞技而轻普及、重视课内而轻课外、重视尖子而轻全体等问题。从整体的角度来看,我国的体育教学思想仍然是比较落后的,还存在着许多陈旧的观念需要改进。体育教学的目的不仅是为了体育成绩而服务,更重要的是培养青年学生通过体育锻炼而获得全面的发展。然而在具体的实践中,我们的体育教学观念显然有些陈旧,仍然沿袭多年的教学制度和方案,以固有的教学模式重复和复制,是不能够满足新时期对高校体育教学的要求的。

体育教学观念的落后势必会使得高校对人才的培养受到消极的影响。不断进步的社会需要教育不断地革新,以适应社会快速发展的要求。在高校体育教学中,要对以往陈旧的教学理念进行积极改革,促使我国的高校体育教学能够处在高速发展的轨道上。

（二）教学内容过度竞技化

我国高校体育教学的不足之一是内容相对单一，在体育教学过程中过于强调教学目标，轻视对学生的兴趣培养。在很多体育项目方面，强调了竞技性，忽略了普及性。而高校体育课程的主要目的是促使学生增强体质和全面发展素质，并培养其掌握科学的体育运动方法和良好的锻炼习惯，而不是将提高学生的竞技运动成绩作为教学的全部目的。在分析了当前体育教学的内容之后，我们发现竞技体育运动项目在其中占有非常重的比例，这对高校的体育教学目标实际产生了阻碍作用。

（三）教学形式与社会脱节

传统的高校体育教学是以运动技术教学为主，而在教学的组织方面稍显因循守旧，过于单调化和程式化，这显然是与社会发展相脱节的。高校体育教学通过改革，增加了很多选修课的内容，以及较为新兴的教学形式，但还是处于起步初期的水平，对教学内容缺乏创新性，缺乏系统地改进和优化，在教学形式和内容方面的探索还停留在较为表面的水平。若想达到符合社会发展的步调，还需要大胆地突破与创新。青年学生就好像国家最新鲜的血液，高校的体育教学应该充分把握青年学生的这一特点，努力激发他们的积极性和主动性，让他们自发地对体育运动和教学充满热情，愿意积极参与其中，只有在这样的情况下，学生们的体育运动才能得到展现，具有体育天分的学生才能有机会得到更好的培养和发展。

（四）教学计划与评价沦为形式

教学计划是指对体育教学的整体安排和科学规划。教学评价是指对体育教学工作进行效果检验与总结反馈。在高校的体育教学中，教学计划和教学评价相辅相成，在体育教学工作中发挥着非常重要的作用。然而遗憾的是，在具体的实践中，很多非常有效的方式方法被简化为走形式做样子，教学计划如是，教学评价亦如是。同时，我们的考核标准也过度的单一化，为了突出体育成绩而陷入"一刀切"的误区。实际上，制定体育教学计划是一门科学，需要以非常严谨的态度、结合多方面的详实数据进行综合分析和判断来制定，比如，要对学生的个体差异进行充分的了解,针对学生的具体实际问题、兴趣爱好、实际运动水平和身体条件等,然后通过教学评价做出详细有效的分析,对学生的主观努力和进步幅度进行客观的考察,再反馈到下一个阶段的教学计划制定中。这样才能最大限度地促使我国体育教学改革得到健康的发展和推动。

（五）体育教师的角色调整

在体育教学过程中,体育教师是教育前线的第一人。在体育教学改革中,体育教师的角色转换是一个至关重要的环节。随着教学理念的不断转变,学生的主体地位得到了显著的提升,但是对应的教师的角色转化应该给出明确的指导和定位。突出学生的主体地位,并不意味着教师不再重要,在体育教学中体育教师仍然是内容的主导者,是课程的主理人。只是体育教师的职责从主导转变为引导,从发布口令转变为提要求和给建议的辅导角色。这种转变是比较微妙的,也需要给体育教师一定的时间去摸索适应,找到更好的方式和模式与学生积极互动,努力提高教学效果。

第二节 高校体育教学改革与发展中存在的问题

以我国的高校体育教学现状而言,无论是体育教学思想还是体育教学模式都存在着诸多问题。然而在教学改革与发展的过程中,在建立新的体育教学系统与体育教学模式的过程中,我们需要清楚地意识到问题所在,要勇于正视问题才能真正地解决问题,然后总结之前的实践经验和教训,为日后进一步的改革和发展做好准备。

一、传统观念难以彻底改变

（一）告别单纯的技能教育模式

传统的体育教学观念主要以增强学生身体素质、培养体育能力为主要目标,而新的体育教学观念是"以人为本",强调充分激发学生的主动性和运动热情。传统的教学观念是传授知识和技能,而新的教学观念是提升学生的整体幸福感、尊严、自由和终极价值为目标,更加强调人文关怀、人本主义,向学生传递愉悦、欣喜、博爱、协作的情感体验,摆脱单一地追求体育成绩的束缚,提倡培养学生的进取拼搏、积极乐观精神,使其向着更深层的教育方向发展。

然而,在现实实践中,长久的教学观念和模式很难在短期发生彻底的改变。一方面是因为事物的改变从根本上讲需要由内而外的力量来主导,特别是教育观念,它是经年累月地刻画在人们的意识里的,很难通过一个改革意愿一蹴而就发生彻底的改变。另一方面,观念的改变还需要客观条件足够成熟,比如在执行过程中,我们的教育制度、教师素质、学生素质以及社会大环境因素等,是否具备了让这种改变水到渠成的条件也是至关重要的一点。这种教育观念的改变还需要一系列的自下而上的演化过程才能逐步实现和完成。

(二)教师和学生需要适应新观念

在新的体育教学观念指导下,针对体育教学内容的改革需要加强日常认知教育,淡化体育达标的概念。这在一定程度上提高了教学难度,因为相对于以运动项目达标为主要形式的体育教学模式,要想提倡体育的日常认知教育模式,无论是对体育教师的教授水平还是对学生的接受能力来讲,都提高了一个层级。这就需要体育教师明确地意识到体育教学最终目标不是让学生在校期间获得满意的体育成绩,而是通过体育学习掌握学习一项本领的基本规律,它需要明确的目标、科学的计划、有效的结果评估等一系列完整的科学过程。而不仅仅是在某些运动项目上的运动技能做到达到标准即可。由此可知,新的体育教学观念的转变,需要一个认知上的转变过程,在对内容体系建立时,体育课程应该不断地完善、改进教师与学生的体育相关认识,为体育教师和学生逐渐从具体操作上理解和接受新观念下的体育教学模式和内容。

二、学校体育教育投入不足

(一)资金投入是关键

我国的高校体育教学在起步阶段是比较超前的,具有一定的优势。但是我国高校的体育教学仍然有很大的提升空间。现阶段,我国大部分的高校体育教学都面临着训练场地落后、训练设施陈旧等问题。欠缺足够完善先进的配套设施,高校的体育教学长期因为设施不足而受到影响,它不仅影响了教学质量和效果,而且还会挫败学生的运动积极性。这就需要国家和地方政府在财政上给予一定的支持。尽管近些年来国家一直在强调体育教学的建设问题,但是在体育投入方面,还需要加大力度。相对于体育发展领先的国家而言,我国在这方面的投入还需要加强。

我国现有 3000 多所高校分布于全国各地,由于每个地区的气候条件和地理位置的差异性很大,对场地、设施的需求也不尽相同。这就需要有关部门进行科学的规划和部署,在全面调研和评估之后,从实际情况出发,有计划、有步骤地对高校的体育场地及设施完成现代化的改造和更新,从基础设施方面对我国的高校体育教学加大资金投入。

(二)在结构上进行改革

虽然我国对于高校的体育教学方法进行了一系列的改革和探索,但是至今仍缺乏一个科学的、系统的、完善的体育教学方法体系。而构建、完善体育教学方法体系的前提条件是保证分类的合理性。但是直至现阶段,我国对体育教学对象的特殊性、体育教学方法、体育教学目标等之间的关系缺乏一个系统、完善的梳理,那么在这种目标、对象都不十分清晰的前提下,我们很难去开展后面的工作。因此,如果想全面、有效地提高我国的高校体育教学水平,我们需要从结构上着手,系统、全面、彻底地对体育教学进行改革。以教育对象作为最基本的元素和前提,选择教学方法,确定教学目标,真正做到因材施教、因地制宜地进行体育教学,既要充分尊重每个学生的个性,又要保证整体教学的质量。这需要体育教学方法分类体系建立在科学、合理的基础上,只有这样,我们的体育教师在具体的教学实践中才会有章可依,指导他们选择合适的教学方法。

经过近几十年的持续变革和求索以后,尽管我国高校的体育教学取得了一定成绩,但是仍有很长的路要走,我们还需要尽快摆脱传统体育教学观念的束缚,建立系统完善的教学体系,完善体育设施的基础建设,使高校的体育教学与社会发展需求相适应。

（三）教师素质亟待提升

体育教师是高校体育教育中非常重要的环节。而我国体育教师队伍的整体素质还需要提高。受先前发展的局限,我国现在的体育教师多数是运动员出身,由于早期竞技体育发展过于强调竞技技能而疏于对文化素质的培养,导致我们的体育教师在文化基础方面普遍有所欠缺。而只有一项专业技能显然是不符合时代对体育教学的要求的。这就需要从机制上加强对体育教师的再培训和再教育。

同时,还需要建立科学的竞争机制和奖励机制,激励广大的体育教师加强自我知识更新,不断突破自身局限跟上时代的要求,努力成为新时期合格的体育教师。

第三节　高校体育教学改革与发展的趋势

一、高校体育教学改革的意义

（一）高校体育教学改革的内容

1. 教学理念是根本

理念是所有行为的指引,高校的教学改革也应该从理念改革开始。因为教学理念将直接决定着教师的教学方法,指引着教师的教学方向。改变体育教学理念,就是从根本上对教学方法的改革。体育教师应该积极主动地更新自己的教学理念,有意识地挣脱原有理念的束缚,克服困难,努力适应现代体育教学理念,不断提升和改进自己的教学方法。调整自己的角色变化,从过去以体育教师为主导的理念转变成以学生为主体的教学理念,从主导者变为引导者,从知识技能的传授者转变为一起探索的指导者。

2. 培养学生的创新能力

现代教育与传统教育的最大区别,就是更加注重培养学生的主动意识和创新能力。传授知识并不是教学的唯一的、最主要的目的,重要的是在教学过程中,通过学习知识和技能来充分激发学生的求知欲和学习能力。社会的发展需要不断的创新,因此,我们的教育应该紧跟时代的发展需求,我们的高校应该努力为社会培养创新型人才,遇到问题时具有科学的分析思考能力,能够尽快找出解决办法,不仅不会因为一时的困难而影响工作效率,还会勇于迎接挑战、克服困难。因此,高校在教学过程中应该重点培养学生的创新能力和积极乐观的生活态度。

(二)高校体育教学改革的途径

1. 建立新的体育教学体系

以往的体育教学模式比较单一,主要强调体育教师的主导地位,忽略学生的主观能动性,非常不利于学生的全面发展。而新的教学体系会更着重于培养学生的创新能力、社会适应能力,更尊重学生的个性发展,而不仅仅是强调对身体素质和竞技体育能力的培养,更加重视学生的先天条件和兴趣爱好,因材施教,因势利导。

2. 深化教学及课程结构

利用各种新兴因素、手段为体育教学改革服务。例如,体育与健康课程就是对原有体育课的一种深化改革,在原来体育的基础上,突出以健康为目标,追求"健康第一"而不是"成绩第一"。制定符合学生成长的课程内容,建立培养学生多元发展的教学体系。比如增加选修课的比例,增加单个项目的层次性,拒绝单一化和标准化,强调多元化和多样化。其中,体育教师的角色非常重要,他们从以往主要以传授知识和运动技能为主,转变为更多地关注学生个体差异并以此为依据进行引导和培养,努力激发学生的运动热情,帮助他们在体育方面培养兴趣、挖掘自身优势。

3. 培养学生的社会适应能力

新的体育教育目标还通过体育运动与活动增进学生的心理健康,发展学生的社会适应能力,将心理建设与能力培养通过体育教学进行加强。在帮助学生心理建设和成长的过程中,尤其要重点培养他们的自信心和坚强的意志品格,教会他们学习认识情绪并调控情绪,体验体育活动对心理状态的影响,然后逐渐学会自我情绪调控。在社会适应方面,学习合作与竞争,学习交往能力、对集体和社会的关心和责任感等,并懂得如何将这些能力迁移到生活学习的方方面面,使之终身受益。

二、高校体育教学的发展趋势

(一)将终身体育作为指导思想

终身体育是指将体育融入个人生活并伴随终身,让体育运动成为生活的一部分,这是高校体育教学的发展趋势,也与当代社会发展潮流相符合。帮助学生树立终身体育的观念,掌握体育知识和锻炼方法,养成锻炼身体的良好习惯。总之,终身体育是高校体育教学的目标之一,也是其中一个非常重要的元素,培养我们的青年学生长久地热爱运动,而不是仅仅将运动作为完成校园课业的一部分。

(二)优化改进体育教学内容

对于现代高校体育教学内容来说,除以发展通用性为主体之外,更加强调教学内容的科学性和逻辑性、迁移性和灵活性。科学性是指体育课程的内容要合理,在不同的课程阶段有相对应的侧重点。逻辑性是指在对体育教学内容的内部技能进行处理时,要符合学生身心发展的规律。迁移性是指高校体育教学内容的各个部分之间是相互关联的,如果学生熟悉和掌握了其中一个部分,还会为其他部分的学习做好准备。灵活性就是突出以学生为本的理念,赋予学生更多的主动权和选择权,打破原有的标准和模式,让学生在体育教学中享有更多的自主权。比如,根据学生的实际需求相应地降低体育技术的规格和难度,对动作结构进行有效调整,不断完善评价方法,从而更好地促进体育教学顺利推进,使体育教学效果得到最大程度的优化。

(三)教学需更贴近实际生活

在体育教材和教学内容方面,削弱了原来专业要求过高、难度系数过大和重复无味的练习内容,降低了竞技体育项目的比例,加强了体育教学内容的趣味性、实用性、健身性和娱乐性等。这样可以促使学生多方面的需求得到满足。总之,体育教材中的内容应当与学生的实际生活相结合,删减大而不当的内容,增加贴近生活及未来工作的教学内容,这将是高校体育教学改革的重要举措。

（四）避免注入式教学方法

体育学习与其他学习不同的是，它需要学生在身心融入的前提下才能真正学好，而且两者缺一不可。比如学和练需要同步进行，并有效结合，只懂理论却没有实践或者只有实践而忽视理论，都不是完整的体育教学。学生要想对体育知识、体育原理以及体育学习方法有深入的理解，就需要在自我实践中领悟和体会，并将身心处在积极主动的状态，这样才能得到最好的学习效果，而以往的教学偏重注入式显然不符合这一要求。因为注入式教学会迫使学生处在一种被动的状态，那么获得的教学效果就会十分有限。在传统的体育教学中，体育教师给予学生的关注不够，在培养学生的学习热情方面也做得还不到位，而这些都是高校教学改革要重点改进的方面。

（五）要符合素质教育的要求

未来的体育教学将更重视对学生进行差异化和个性化教育，从而取代原来的达标和标准化的教育方式。在学习锻炼中，学生的创造性和独立性是教师关注的重心，教师应该以学生为本，辅导他们培养挖掘个性化的体育兴趣和能力，从而告别以单一的考试标准衡量所有人的传统模式。这使得体育教学在整个教学系统中的地位和作用不可替代。体育教学是以尊重学生个性为前提的教学，可以促使学生的各项能力得以全面提升，促使学生实现全面发展，是符合素质教育要求的教学模式。

（六）衔接学生需求和社会需要

在对体育教学体系进行建构的过程中，要以充分满足学生个体发展需要和社会对人才的需要为前提。高校的体育教学应该充分发挥作用，衔接起社会与人才之间的重要桥梁，学生是教育的对象，而社会需要是教育服务的最终目标。在促使学生全面发展的过程中，体育教学体系可以充分体现它的特殊性，与其他学科相辅相成，促进学生各方面的能力得到有效提高，这也是现代高校体育教学发展的重要趋势。

（七）重视学生健康素质的提升

即进一步明确高校体育教学将朝着"轻竞技而重健康"的方向发展。进一步明确以促进学生的体质健康水平、促进学生的心理发展水平、促进学生的社会适应能力为现代高校体育教学之根本任务。培养出身心健康、对社会有良好适应能力的人才，保证青年学生在进入社会后能够顺利地施展自己的专业才能，遇到困难也能勇于接受挑战，努力克服，具有坚韧的性格品质，真正成为德才兼备、具有高素质水平的国之栋梁。

（八）体育的德育教育功能

伴随信息化和全球经济一体化的逐步推进，在社会转型的全新时期，现阶段的主要任务是重新建立道德体系。对于道德体系的建立，学校教育是重中之重，而体育教育正好发挥它的特殊功能。体育教育是对人的精神品质培养的重要途径，体育教学中包含着身体培育、能力训练、品质培养、心理建设等，很多都与塑造价值观息息相关。高校的体育教学应该将德育培养融入体育教学之中，在学生的身体力行中或者在参与竞争的过程中，磨炼自己的道德修养水平。

三、高校体育教学的发展对策

（一）设立合理的教学目标

建构一个切实可行、科学合理的教学目标是高校体育教学发展的重中之重。合理的教学目标是激发学生自我意识、提高教学效果的前提条件。只有合理的学习目标，才能最大限度地促进教与学的积极互动，让学生对学习更有热情、对自己更有信心。假如我们给青年学生制订的体育学习目标过于专业化和竞技化，则会大大地降低他们的积极性。因为即使再努力也未必能达到标准或者获得优秀的体育成绩，可见，不合理的目标也许会成为教学中无形的障碍。

（二）充分利用现代化教学手段

体育教学还可以充分地利用现代化的科技手段来补充教学。比如多媒体、短视频、大数据等，这些都会为体育教学带来极大的便利和显著的效果。又比如利用先进的大数据与多媒体技术相结合，可以非常直观、准确地分解微妙的技术动作，虽然高校的体育课面对的并非全部是体育专业的学生，但是无论什么专业的学生，他们都可以通过现代技术了解到现今体育发展的最高水平，并且知道科技可以极深地介入和辅助体育运动的发展。

（三）力求体育教学的生动活泼

为了保证教学效果，体育教师应该根据高校学生的身心特点创造出活泼生动的体育教学气氛。整个高校的体育氛围应该是认真求实又轻松活泼的。在这样的环境中，学生会认真学习每一堂课，也会享受每一次活动。这里的体育氛围，主要是指学生的心态和情感。比如，体育课的氛围、体育课外活动的氛围、比赛的氛围、教师与学生之间互动的氛围等。如果想要形成一个生动活泼的体育氛围，首先需要教师和学生之间和谐相处，彼此尊重，这也与丰富的教学技巧和教师的综合素养直接相关。总之，如果能够使学生在体育课堂上身体和情感同时得到激发，与教师和同学们产生积极良好的互动，那么可以说这个体育氛围就是有利于教学实践的。这需要体育教师整体引导和以身作则，积极维护一个师生协调、张弛适当的体育教学氛围，也是对高校教师提出的较高的要求。

（四）兴趣激发和刻苦锻炼相结合

高校的体育教学要求以学生为本，发展个性化教学。它的具体体现就是要积极激发学生的体育兴趣，并且鼓励他们只有通过刻苦训练才能获得优异的运动水平。虽然现代的体育教学以培养学生的兴趣为主，弱化了标准化的评分机制，但是不等于杜绝刻苦训练的精神。掌握和精通任何一项能力都需要千锤百炼地投入，体育运动更是如此，新的教学要求以鼓励学生培养体育兴趣为主导，但是学生确认了兴趣方向之后，就要加强锻炼，只有努力地投入才会带来真正的成果。因此，高校体育教师应该将培养学生激发兴趣和鼓励科学训练相结合,两者缺一不可。

（五）课内与课外有机结合

体育教学应该突破课内与课外的限制。对于大多数高校而言,体育教学的目标本身就是超越课堂的目标的。体育教学除了健体强身、学习体育知识以外,更多的是培养青年学生学习科学的运动观,养成良好的锻炼习惯,磨炼意志品格等。而这些不必局限在课堂的45分钟内进行。其实课内与课外之间更好的关系是互补,而不是割裂。课内学习的知识和技能、理念和认知,可以通过课外的多次实践得到加强和巩固,高校的体育教学应该鼓励学生们多多参加课外的体育实践,一方面可以加强课内学习的知识和技能,另一方面,课外运动或者活动也更为真实和完整,是对校内体育课程的最佳补充。

（六）继承性和时代性相结合

没有继承就不存在发展,社会文化就是在不断地继承与发展中更迭繁衍的,体育教学也应该遵循这样的发展规律。我们在改革体育教学的时候,也应该科学合理地进行,把握继承性与时代性相结合的原则,一边继承,一边发展。现代体育是对几千年来人类所创造的优秀体育文化的继承,并且持续发展才有今天的成绩。在体育教学内容上,应该从我国高校的实际情况出发,积极组织弘扬优秀传统的活动,开展学生乐于参与的活动内容,例如武术运动、篮球运动、足球运动、羽毛球运动、乒乓球运动、体操运动、游泳运动,以及其他一些具有地方特色和民族传统的体育运动项目。同时也应注意发展国外的具有悠久历史文化特色的运动项目,比如网球运动、艺术体操运动、韵律操运动、健美操运动等。

第四节　现代信息技术背景下高校体育教学改革的策略

一、高校体育教学信息化改革的应用

高校在进行体育教学改革的工作中,正在尝试将现代信息技术融

入到学校体育教学中,使信息技术参与到教学结构、教学内容、课程资源建设以及课程实施等各个方面。这是一种很好的方式,能够极大地提高学校体育教学水平。此外,在教学中,体育教师也应该积极利用信息技术作为教学工具辅助教学,也要引导青年学生将信息技术作为自己体育学习的中介。比如最常见的例子是根据实际教学的需要,以多媒体平台为信息环境实施学校体育教学活动,将信息技术与体育课程教学进行有机结合,利用信息技术加工工具改变传统的教学模式和学习方式,让体育知识的学习变得更鲜活、更生动。信息技术要想渗入到高校的体育教学改革中去,需要学校、体育教师和学生一起积极参与完成。

（一）利用信息化手段教学的优势

信息技术可以拓展高校的体育教学资源空间,现代信息技术的应用不仅解决了体育信息记录、存储、加工等问题,而且为体育教学提高了效率,为教学实施提供了新的理念和新的技术手段。在进行体育课程教学时,教师可以充分借助信息技术带来的丰富教学手段和教学资源进行教学,能够根据学生认知能力和认知特点灵活组织教学素材和方式,大大地提高了教学效率。另外,现代信息技术所承载的体育教学资源是极为丰富的,扩充了教学信息量,拓展了学生的视野,可以说为现代体育教学带来了飞跃式的进步。

（二）打破传统教学的时空限制

传统的教学方法已经明显不符合时代的要求,如果我们的体育教学不尽快改革,还局限在原有的传统的教学模式上,束缚在课堂之内,那么也谈不上是真正的教学改革。客观教育环境的变化要求高校必须尽快改进传统的方法。随着信息化技术走进课堂,学生可以随时随地学习优秀教师的体育教学课件,超出了校园、城市的地理限制,甚至可以学习其他国家的优秀教学课程,也满足了学生碎片化学习的需求。高校应该借助信息化技术实现学校体育资源的高度共享,提高体育教育传播的范围和效率。

（三）符合学生认知特点的需求

多媒体技术在体育教学中应用的有效性还体现在,它更加符合学生的认知水平和认知规律。现代多媒体技术不仅可以提供海量的信息、即时传达、高速运算等功能,还可以利用交互界面、语音识别等技术,最大限度地发挥文本、图形、音视、视频的信息储备和采集能力。呈现给学生综合的、多视角的感知维度,这为体育教学带来了极大的便利和效率。可以让学生选择最有利于自己的方式进行学习,比如有人喜欢通过视频,有人觉得用音频可以更集中注意力,总之,多种媒介方式确保了教学活动更加便利、生动和富有启发性,也帮助学生更好地掌握体育知识和体育技能。

（四）符合个性化教学的要求

现代的体育教学倡导个性化教学理念,其尊重学生的特点和具体需要,在此基础之上再进行挖掘和培养学生的潜力。在实施的过程中,信息化技术的应用也能很好地应对这一教学理念。它可以给予学生更好的选择,学生可以选择实体课或者网课,可以选择自己喜欢的科目,选择自己方便的时间进行学习等,这些都是尊重学生个性化发展的重要体现。实现体育教学信息化改革,学生可以在教师的指导下,根据自身的具体需求灵活选择学习内容,通过自主学习,形成个性化的学科知识结构,从而实现体育教学个性化人才培养的目标。

二、高校体育教学信息化改革的措施

（一）建立体育信息资源平台

建立教学资源平台能够实现学校优势资源的共享,体育教学信息化改革实现了对高校体育设施和体育场地的科学管理,有助于提高利用效率。同时,建立体育信息化教学资源平台,可以充分实现优质教学资源的共享,充分利用现代信息技术手段,充分挖掘优秀的教育资源,充分尊重和发展学生的个性化学习需求,这是提高高校体育教学质量的重要途径。通过建立信息教学资源平台,一方面可以激励教师的积极性,另一方面,也是满足学生个性化学习的需求,学生可以根据自己的实际需求灵活选择教学内容,对没有掌握的知识可以重复多次学习,真正实现学习方式个性化。

（二）加强硬件设施的建设

最基础的是加强多媒体教室的建设。在信息化改革中,使用多媒体教学是最重要的手段之一。例如可以通过多媒体观摩高水平运动员的动作示范,可以观摩专家的技术分析和动作演示。多媒体技术在体育教学中极大地扩展了课堂内容,使体育教学更加丰富、更加多元。而这一切都建立在现代化的多媒体教室以及配套设施上。

（三）加强对教师的技术培训

有了先进的硬件设施以及丰富的教学资源,接下来对体育教师做相应的培训也十分重要。如果体育教师的信息素养比较低,将直接影响体育教学信息化改革的效果。因此,必须提高学校教师的信息素养技能培训,加强建立对教师的完善的、系统的培训体系,分期、分批组织教师进行信息技术培训,以及定期的考核和成果交流。在培训的过程中需要及时跟进信息技术的最新发展,及时改革和完善教师培训的内容。加强体育教师的信息技术应用能力。组织体育教师参加计算机学习,了解信息时代体育教学的发展趋势,学习最前沿的计算机知识等。

（四）加强学校的信息化建设

高校体育教学改革需要学校加强信息化建设,建立数字化校园。一方面,高校可以充分利用自己的网站,发布体育课程和各项体育运动的训练知识以及各种保健知识等。同时,也应该充分利用微博等社交平台发布一些即时的信息,这也有助于学校进行信息化建设,并且要完善信息技术设备,包括软硬件的建设,使社会资源与学校资源能够有沟通的渠道,让学校有展示自身优势的平台,与社会产生更广泛的交流。

（五）深入了解学生的相关信息

在日常教学中,在安排和设计教学内容时,要始终坚持以学生为本的理念,尊重学生的个性和差异,始终深入了解学生的相关信息和需求。体育教师要加强与学生的交流和沟通,可以通过微信、QQ 等社交工具,了解每位学生的兴趣爱好和日常锻炼情况,留心总结和归纳每个专业学生的特点,这些信息将有利于教师进行教学内容的安排和教学方式的选择。只有通过掌握更多更真实的学生数据,才可能做到因材施教、因势利导,保证教学的科学性和实效性。这些都是可以通过信息技术手段实现的,利用学校的官网、社交平台、即时通讯等现代化技术手段可极大地提高管理效率。

第三章 体育教学与信息技术融合及发展的理论与机制

信息技术的迅猛发展为教育改革提供了新的可能与强大的动力，有效推动了教育事业的现代化发展。在多媒体计算机技术急速发展和广泛普及的今天，高校体育教学与信息技术的融合取得了长足发展，推动了高校体育教学与信息技术的融合，既延伸了高校体育教学的内涵，又提升了高校体育教学水平与质量，具体表现为，促进体育教学方法的改革创新、推动学生学习方式的优化、提高学生学习兴趣和课堂教学效率，以及培养学生审美情感和信息素养等，最终对促进学生全面发展具有重要意义。本章着重对体育教学与信息技术融合及发展的理论与机制展开研究，主要内容包括体育教学与信息技术融合的基本内涵、理论基础、基本思路以及常见模式。

第一节 体育教学与信息技术融合的基本内涵

一、体育教学与信息技术融合的概念

体育教学与信息技术融合，就是将信息技术运用到体育课程教学过程和学生的体育学习活动中，以更好地完成体育教学任务，实现体育教学目标的综合过程。将先进的信息技术、有效的信息方法、丰富的信息资源有机整合到体育教学过程中，将信息化手段与体育教学内容紧紧结合，从而提高完成体育教学任务的效率，缩短实现教学目标的时间。体育教学与信息技术融合并不是将信息化手段被动纳入教学中，而是要让信息技术主动适应体育教学的变革，从而更好地为提高体育教学质量而服务。因此，高校要将信息技术融入体育教学的恰当环节，渗透体育教

学的多个方面,凡是运用信息化手段能够提高教学效果的地方都要科学合理地运用信息技术手段,同时也要使学生善于运用信息技术来提高自己的学习效率和学习水平。[①]

二、体育教学与信息技术融合的内涵

体育教学与信息技术的融合对体育教学系统中各个组成要素所产生的影响将是变革性的。信息技术本身不会使体育教学发生变革,但在体育教学改革中,信息技术无疑是非常重要的推动力量和不可或缺的重要条件。所以从本质上而言,体育教学与信息技术融合就是在科学理论和先进理念的指导下,通过建立在信息技术基础上的体育课程研制,对信息化的体育课程文化加以创造的革新过程。虽然很多高校都将信息技术运用于体育教学中,但普遍存在信息技术与体育课程对立与割裂的问题,而提出体育教学与信息技术的融合,就是要打破这种对立和割裂的状态,加强体育教学与信息技术的双向整合与密切互动,并创造师生合作型教学组织方式,真正践行"以人为本"教学理念,对整合型信息化教学新形态和师生双向互动教学模式进行构建,提高体育教学的效率,加强对学生实践能力和创新素养的培养。

下面我们从三个方面来理解体育教学与信息技术的融合。

(一)体育教学与信息技术的融合将改变教学结构

体育教学与信息技术的融合要求以科学的教育理论和先进的教育思想为指导,尤其要坚持"主导—主体"教学理论的科学指导,将信息技术(以计算机及网络为核心)运用到体育教学过程中,使之成为创设良好教学环境的工具,成为激励学生自主学习的情感和认知工具,成为将丰富教学资源加以整合、将各个教学环节连贯衔接的媒介,在教学过程最优化理论下,优化整个体育教学过程,产生聚集效应,从而从根本上改变传统体育教学结构,改革传统教学模式,打破以教师为中心的教学形式,实现促进学生各方面素质,尤其是实践能力和创新素质提升的目标。

---

① 陆宏,孙月圣.信息技术与课程整合的理念与实施[M].北京:首都师范大学出版社,2007.

（二）将信息技术融入教学

高校可将以计算机多媒体或网络科技为核心的信息媒体资源融入体育教学中,这些资源的优势在于存取信息便捷、处理信息速度快、沟通便利,而且能够从声音、光线、画面等多方面刺激教学对象的感官功能,调动学习的积极性。"将信息技术融入教学",这里的"融入"虽然是一个动词,但也可以将其理解为一个名词,意为"教学工具"。在体育教学中融入信息技术,教师在传授教学内容、实施教学策略的过程中可以将多媒体和网络资源等重要的教学工具运用起来,有效达成教学目标,这便对体育教师的计算机操作能力提出了一定的要求。

（三）数字化学习

在信息化时代,数字化学习方式逐渐融入人们的生活,改变了人们的学习方式和学习习惯。数字化学习在高校体育教学中同样也发挥了重要的作用。体育教学与信息技术的融合从某种程度上来说就是以数字化学习为核心的。体育教学与信息技术融合构成了一种新型体育教学方式,在以信息技术为基础的体育教学过程中,要重视学生学习方式的变革和优化,充分发挥学生的主体性,注重对学生实践能力、创新素养的培养。数字化学习方式在这方面起到了重要的作用。

总的来说,体育教学与信息技术的融合就是在体育教学过程中融入信息技术这一重要的教学工具和学习工具,从而改善体育教学过程和优化体育教学效果。传统体育教学中运用信息技术只是将信息技术作为辅助性教学手段,对信息技术的认识比较片面,而这里强调体育教学与信息技术的融合,就是要走出片面的认识误区,要对信息技术有系统而全面的认识,在信息技术的基础上建立信息化教学模式,鼓励教师与学生运用信息技术资源来进行探究性教与学,并加强协作教学。

第二节 体育教学与信息技术融合的科学理论基础

一、建构主义学习理论

（一）信息技术与建构主义学习理论

20 世纪 90 年代初期发展起来的建构主义学习理论本身就与多媒体和网络技术有着深厚的渊源。在建构主义学习环境的创建中特别适合采用多媒体和基于互联网的网络通信技术，它们的很多特性都有密切的联系。在建构主义学习环境的建设中，信息技术作为重要的认知工具和资源条件发挥了举足轻重的作用。信息技术作为学生学习的认知工具，对促进学生认知和学习能力的提升起到了重要作用。同时，建构主义学习理论也为信息时代背景下的体育教学的发展提供了强有力的理论支持。

（二）学习环境四要素

建构主义学习理论认为，建构主义学习环境中有四大要素，分别是"情境""协作""会话"和"意义建构"。这四大要素在信息化教学环境中更能得到充分体现。

1. 情境

在学习环境的创设中要设定真实情境，从而为学生对学习内容的意义建构提供便利，这是学习环境中情境要素的基本功能。在建构主义学习理论下建设学习环境，不仅要分析教学目标，还要考虑如何创设情境来促进学生意义建构的问题，所以在教学设计中，创设情境是非常重要的一个环节。只有学习情境是真实的，才容易启发学生思考，使学生运用所学知识来解决生活化问题。运用多媒体技术创设学习情境，对微观世界的现象进行生动形象的模拟，将真实世界发生的事件呈现出来，使学生从真实案例中发现并解决问题，从而对学生分析思考及解决问题的创造性能力进行培养。

2. 协作

在整个学习过程中,协作都是必不可少的学习方式。从搜集学习资料、分析资料、提出和验证假设、评价学习效果以及到最后的意义建构,各个环节都需要协作。信息技术尤其是网络通信技术为远程通信与远距离协作提供了重要的平台,这是传统教学手段无可比拟的优势。基于信息技术而展开合作教学与学习,有助于对学习者的合作能力和反思习惯进行培养。

3. 会话

协作过程中离不开会话这个环节。学习小组在合作学习的过程中,要通过会话的方式如讨论、商量等来共同规划学习方案,协商如何完成学习任务。可以说,学习者在学习过程中相互协作的过程也就是会话的过程,通过会话来讨论学习问题,共同参与学习方案的设计,协商解决学习问题的方法,分享各自的思维成果,从而提升小组学习效率和学习效果。可见,学习者对学习内容的意义建构离不开会话。多媒体计算机以其突出的语音系统功能为学习者之间、教师之间以及师生之间的会话提供了良好的条件,提升了协作教学与学习的效率。

4. 意义建构

建立主义学习理论指出,学习的最终目标是意义建构,学生要积极主动、自觉自愿地完成最终学习目标。在学生实现意义建构的过程中,教师和外界环境都发挥了重要作用,帮助学生深刻理解学习内容所体现出的事物的本质、规律以及不同事物间的内在关联。多媒体技术为学生提供了良好的交互式学习环境,该学习环境具有界面友好、形象生动等优势,对学生主动发现问题、积极探索答案等起到重要的启发和推动作用。基于多媒体技术而创建的学习环境将声音、文字、图片结合起来,同时刺激学生的多重感官,促进学生对教学信息的快速获取,使学生对学习内容中所揭示的事物的发展规律及其他知识有更深刻的认识与理解,有助于改善学生的认知结构,提升学生的认知能力,优化学生对学习知识的意义建构的过程,这是传统教学媒体所不具备的功能。

现代信息技术成果为建构主义学习理论在教学实践中发挥指导作用提供了强有力的支持,该理论被广大体育教师所接受,在体育教学中发挥了重要的指导作用,也为体育教学与信息技术的融合提供了重要的理论支持。

二、信息加工理论

（一）理论概述

国内外心理学家在 20 世纪 70 年代后尝试将信息加工模式用于对学习活动的解释中,在信息加工模式的实践运用中有多种学习理论应运而生,也涌现出一些具有影响力的代表人物。加涅是这方面影响最大的代表人物,它的信息加工理论在国内外学科教学中产生了深远的影响。

加涅根据学生的学习结果,提出学习活动中包含以下几个重要因素。

1. 言语信息

运用语言文字去陈述和表达。

2. 智慧技能

运用符号解决学习问题。

3. 认知策略

对自我认知活动进行内在调控的特殊认知技能。

4. 动作技能

肌肉活动的协调能力,从外在环境中习得和形成。

5. 态度

对个人行为选择有决定性影响的内部状态,从内、外环境中习得和形成。

（二）信息加工模式

加涅的信息加工模式如图 3-1 所示。

下面具体分析上图所示的信息加工模式中的重要组成因素。

1. 神经信息

外界环境中一些因素刺激学习者的神经系统,从而调动感受器,并实现从原始信息向神经信息的转变。神经信息快速进入感觉登记处,登记速度极快,登记完感受器的所有信息只需要百分之几秒。在信息登记过程中,因为选择性知觉或神经系统注意力的影响,某些信息得到加强,同时也有一些信息被削弱,得到加强的信息是经过选择而留在感觉登记处的信息,这部分信息是短期记忆中大脑中保留的重要内容。一般短期记忆中的信息项目只有七个左右。

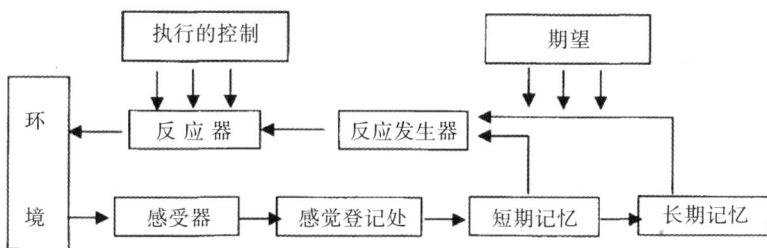

图 3-1 信息加工模式 ①

2. 编码

从短期记忆向长期记忆转化时,信息的转变非常关键,我们用"编码"来概括这个重要的信息转变过程。编码的形式包括想象、空间矩阵、图片、表格等。通过编码而以多种方式将重要信息组织起来,使之保留在长期记忆中,这与短期记忆中只是简单收集信息的存储形式不同,长期记忆中信息的存储形式主要是"概念"的形式,存储的时间较长。

学习者要善于从长期记忆中对信息进行检索,从而不断验证所学知识。学习情境中的某个要素或学习者自身的其他记忆为其检索信息提供了重要的线索。学习者抓住重要的线索而检索、提取关键信息,并整合关联信息,使这些信息直通反应发生器。

3. 反应发生器

信息到达反应发生器后,该组织就决定人以哪种形式作出反应(如说话、表情、肢体语言等),如果决定人体以肌肉动作而作出反应,那么还会决定肌肉动作的时间与顺序,使肢体动作更有组织性和连贯性。反应发生器发出指令而激活反应器,从而完成直观的行为,如说话、肢体活动等。

4. 反馈信息

学习环境中的事件是由学习者的一系列反应(如说话、表情、肢体语

---

① 威泽勇. 信息技术与中学体育教学的整合模式研究 [D]. 江西师范大学, 2005.

言等)构成的,学习者观察这些事件,将反馈信息提供到神经系统中,然后主观判断自己的学习目标是否达成,并对学习内容加以巩固,继续提供信息来深化学习和加深记忆。可见,学习环境中形成了一个流动的信息流。

三、其他教学理论

除了上述理论外,还有一些著名的教学理论能够为体育教学和信息技术的融合提供理论支持,见表3-1。

表3-1　常见教学理论及观点 [①]

理论	代表人物	主要观点	教学原则启示
发展教学理论	赞可夫	(1)把一般发展作为教学目标,以最好的教学效果促进学生一般发展 (2)教学走在发展前面才是好的教学;把教学目标确定在学生"最近发展区"内	(1)高难度教学 (2)高速度教学 (3)理论知识起主导作用 (4)使学生理解教学过程 (5)使所有学生都得到发展
结构—发现教学理论	布鲁纳	(1)学习一门学科,最重要的是掌握它的基本结构 (2)任何学科都能进行智育,任何发展阶段的任何儿童都要接受智育 (3)采用发现式教学法	(1)动机原则 (2)结构原则 (3)启发原则 (4)反馈原则
教学最优化理论	巴班斯基	(1)把教学看成一个系统,用系统观点、方法来考察教学 (2)教学效果取决于教学诸要素构成的合力,对教学应综合分析、整体设计、全面评价 (3)教学最优化就是在现有条件下用最少的时间和精力取得最大效果	(1)方向性 (2)可接受性 (3)可控制性 (4)科学性和实践性 (5)系统性和连贯性 (6)巩固性和效用性 (7)自觉性、积极性、独立性 (8)各种方法最优结合 (9)多种教学形式最优结合 (10)为教学创造最佳条件

① 赵呈领.信息技术与课程整合[M].武汉:湖北科学技术出版社,2006.

续表

理论	代表人物	主要观点	教学原则启示
多元智能理论	加德纳	（1）人类思维和认识方式是多元的,即存在多元智能:言语语言智能、数理逻辑智能、视觉空间智能、音乐韵律智能、身体运动智能、人际沟通智能、自我认识能力和自然观察智能 （2）智力是在某种社会文化的价值标准下,个体用以解决难题或生产及创造某种产品所需的能力 （3）智力不是一种能力,而是一组能力;不是以整合的方式存在的,而是以相互独立的方式存在的 （4）在人类认识世界和改造世界的过程中,每一种智能都发挥着巨大的作用,具有同等重要性 （5）每个学生都或多或少具有上述智能,只是组合方式和发挥程度不同 （6）每个学生都有一种或数种优势智能,只要教育得法,每个学生都可能获得某方面的专长	

第三节　体育教学与信息技术融合的基本思路

一、体育教学与信息技术融合的阶段

（一）以知识为中心的融合

这是体育教学与信息技术融合的第一阶段,我国高校在推动体育教学与信息技术融合的过程中大都处于这一阶段。在这个阶段,信息技术是体育教师课堂教学的演示工具、与学生进行信息交流的媒介工具以及进行直观教学的辅助教具。利用信息技术这个教学工具,将理论知识或直观技能展示或演示出来。但在体育教学与信息技术融合的这个初始阶段,教学过程呈现出封闭性,体育教师完全按照教学大纲展开教学,学生的学习信息主要来源于课件和教材,学生对现实学习资源的获取路径被阻拦。所有教学环节都按照教材和教案来安排。倘若教学内容不多,那么讨论环节和自由练习环节的时间就长一些,而如果教学内容较多,那么依然是采用传统的"满堂灌"方式来连续输出信息,尽可能在下课前讲完所有内容。尽管基于信息技术而设计的电子课件被运用到课堂上,但这些课件也是在传统教学理念下制作的,没有太大的新意和明显的突破。

体育教学与信息技术融合的初始阶段主要围绕"知识"而展开整个教学过程,教学模式和传统教学的区别并不明显,不管是教学目标、教学内容,还是教学形式或教学方法,很多都是沿用传统教学模式。在教学过程中,教师依然是主导者,教师的讲授和示范是课堂的主要内容,而学生的学习和练习都显得被动,被动接受知识和学习技能。体育教师将信息技术引进课堂,所起的作用主要是教师的工作量减少了,在培养学生能力方面并没有取得明显的效果,和传统教学方式的培养效果没有区别。信息技术作为教师的教学工具发挥了基本的辅助作用,却没有使体育教学水平取得实质性的突破。

(二)以资源为中心的融合

信息技术对高校体育教学产生了较大的影响,为学生收集资料、加工信息以及远程协作学习提供了重要的工具。体育教学与信息技术的融合在"以知识为中心"这个封闭阶段后,经过不断的发展而进入了一个比较开放的阶段,即以资源为中心的融合阶段。

在开放阶段,体育教学思想、教学设计、师生角色等和第一阶段相比都发生了明显的转变。在开放式的融合阶段,体育教师强调学生发挥主观能动性来完成对教学内容的意义建构,教师以资源和学生为中心而设计教学过程,整个教学过程中涉及的各种教学资源都具有开放性,学生可以同时学习和获得体育方面的知识和信息技术方面的知识。学生利用信息技术手段自主搜寻丰富的学习资源,获取重要的学习信息,并对关键信息进行加工与整合,将其内化为自己的知识,这对培养学生的实践能力、探索能力以及创新能力都具有重要意义。在开放式的融合阶段,体育教师不再是课堂的绝对主导者和控制者,而是学生学习的组织者、帮助者和指导者,也是学生的合作者,师生共同在基于信息技术而构建的信息化教学环境中展开双向互动式教与学,有效提升了教学效率和最终的教学效果。

(三)全方位的融合

体育教学与信息技术的融合从封闭阶段进入开放阶段,前后之间的差异是非常明显的,开放阶段的融合有了很大的进步,但在这个阶段依然没有全面改革体育教学体系中不合理的因素,也没有对关键因素进行信息化改革与创新。在现代教育理论与学习理论的强大支持下,信息技术与体育课程的融合将越来越系统,越来越全面和细化,这必将推动体育教学的重大变革,包括体育教学目标、体育教学内容与方法、体育教学组织形式等各方面的变革和优化,从而提升信息化体育教学的质量,使信息技术在不同的教学环节实现无缝穿插,达到全方位融合,实现体育教学与信息技术融合发展的更高目标。这是体育教学与信息技术融合的理想阶段。但我们还需要很长的一段时间才能经过第一阶段的尝试和第二阶段的过渡而顺利进入这个理想的阶段。

现阶段,为进一步发挥信息技术在体育教学中的重要作用,实现体育教学与信息技术融合的更高目标,我国很多学者和体育教育工作者都做了大量的努力,包括进行不断的探索和实验,从而积累了一定的经验,也取得了显著的成绩。但信息技术与学科教学的深度及全方位融合还需要漫长的探索和实践才能真正进入理想阶段,因此,高校体育教师还需继续努力,坚持探索,大胆创新,以最大程度地发挥信息技术对提升体育教学水平和质量的价值与功能。

二、体育教学与信息技术融合的原则

(一)开放性原则

体育教学目标具有开放性,既面向全体学生提出共同目标,也面向不同个体提出个性发展目标,对不同个体的个性发展需要都给予尊重和重视。体育教学具有鲜明的实践性,根据学生的实际情况而进行教学,所以学生生活和学习环境及状况的变化也会引起体育教学的变化。

体育教学内容丰富多元,而且同样具有开放性,实施开放的体育教学内容,使学生在学习实践活动中获得丰富的学习体验,表现出个体创造性和不同的个性。

体育教学方法和评价也是开放的,体育教学方法的开放性主要体现在各种方法实施的环境上,体育教学评价的开放性从评价指标、评价过程及评价结果中都能体现出来。

体育教学本身的开放性决定了其与信息技术的融合也要遵循开放性原则,要将信息技术融入开放性教学目标的制定、开放性教学内容的开发、开放性教学方法的设计以及开放性教学评价的实施等各个环节中。

（二）全面性原则

体育教学与信息技术的融合要面向全体师生,体育教师根据自己的教学能力、学校的教学条件以及学生的现实状况而将信息技术灵活融入体育教学的整个过程中。每个学生都是独立的个体,即使进行集体教学,也要考虑不同学生的学习能力和学习需要。基于对全体学生实际情况的考虑而对不同层次的教学目标进行制定,教学内容、教学方法、教学评价也要有层次性和区别性,从而促进全体学生的共同进步和学生个体的全面发展。

（三）实践性原则

在体育教学与信息技术的融合发展中,要深入学生的生活,了解学生的生活体验,促使学生将自己的能动性充分发挥出来,对学生的观察能力、思考能力、分析能力、探索能力进行培养,并善于激发学生的求知欲和学习积极性,使学生在信息化体育教学中对学习内容进行自主探求,主动发现问题,并独立或合作解决问题,提升实践能力。

传统体育教学模式下,教师是课堂的中心,教师"满堂灌",学生"机械学",教与学相互分离,严重脱节,教学内容与学生的现实生活联系不紧密,影响了学生将所学知识运用到现实生活中去解决实际问题的意识和能力的发展。而在信息技术背景下构建新兴教学模式,将信息技术充分融入体育教学中,改革传统教学中不合理的要素和环节,从学生的现实生活中开发教学内容资源,选择适宜的教学方法,使学生的主体认知能力有机会得到充分发挥,这对培养学生的智力、能力及综合素质都具有重要意义,能够促进学生健康成长与全面发展,满足时代发展的要求,适应社会转型的需要。

传统体育教学僵化、呆板,在一个"死胡同"里来回打转,对教学效果造成了限制,而将信息技术引进体育教学中,构建新的教学模式,可以强化体育教学的开放性、拓展体育教学内容,打破传统教学方法的限制,运用现代科技成果尤其是信息教育技术,从而提升体育教学的实效性。

（四）创新性原则

将信息技术融入体育教学,实现二者的深度融合与共同发展,更有助于对学生的创新素养进行培养。在体育教学与信息技术的融合中要贯彻创新性原则,营造创新的教育环境,激发学生的探索热情和创新意识,使信息化体育教学过程成为学生自主探索和深入实践的过程,成为学生主动创造和创新的过程。

三、体育教学与信息技术融合的策略

（一）寻找有利于信息技术切入的知识点

信息技术与体育教学融合,不是简单地在体育教学中使用信息技术,而应从体育课中有利于信息技术切入的知识点着手来进行。在体育教学过程中,信息技术可切入的知识点较多,教师运用现代信息技术完成对这些知识点的揭示、阐述、归纳、总结等教学工作,实施有效教学,提升教学效率。

（二）利用信息技术提供实践学习环境,培养学生感知力

有些体育教学内容由于受到条件的限制,不可能或没必要让学生身临其境。但运用信息技术,可以呈现一个类似真实的或者虚拟的学习环境,让学生身临其境,学会在环境中积极、主动地建构学习经验。运用模拟教学课件或计算机外接传感器来演示某些实验现象,向学生展示教学过程和方法,帮助学生理解体育知识和掌握体育技能。通过模拟实践可以使学生尽快把握动作要领,并通过自身的模拟操作而掌握动作要领。

（三）运用情境因势利导，激发学生学习兴趣

学生对体育课的兴趣、态度很大程度上决定了体育课能否顺利开展以及最终的效果。将体育教学与信息技术融合起来，创设信息化教学情境，能够激发学生的学习兴趣，吸引学生的注意力，当学生产生好奇心和求知欲后，教师因势利导，在恰当的时机提出学习问题，让学生在信息化教学条件下思考问题，积极讨论和解决问题。

（四）培养学生自主探究学习的意识与能力

体育教学与信息技术的融合为学生自主学习创造了较为自由和宽松的学习平台与环境。体育教师根据学生的实际情况而对教学媒体进行选择，并以恰当的信息化形式给学生呈现和传授教学内容，学生在教师的指导和帮助下，在宽松而自由的学习环境中自主学习，学会检索信息、加工信息、吸收和应用信息，从而将有价值的信息运用到学习问题的解决中。这有助于培养学生的独立自主能力、自主学习能力以及探究和实践能力。

（五）培养学生协作学习的意识

协作学习与探究不仅能够使学生掌握体育知识和技能，还能对学生的协作能力与社会适应能力进行培养。协作学习有多种形式，如分工解决同一问题，在专题学习论坛进行讨论等，学生各自发表见解，发挥自己的优势，同时听取别人的观点，不仅可以进一步深入理解问题，高效解决问题，还能提升高级认知能力，形成良好人际关系。

第四节　体育教学与信息技术融合的常见模式

一、信息技术作为学习对象的融合模式

开设"信息技术"课程，在课程教学中引入体育课程知识，如在"信息技术"课程中结合信息检索课程内容，把检索体育资料作为教学内容之一。

（一）带疑探究—讲授示范—动手操作型模式

该模式实施程序如下：

（1）教师依据课程教学目标向学生提出具有吸引力或探究性的问题，并激励和引导学生思考与探究，引导学生利用已有信息技术探寻解决问题的方法。

（2）教师将问题分解为若干信息技术学科知识点传授给学生，接着进行示范操作。

（3）学生按照示范尝试独立操作，从而掌握知识和技能。

（4）教师评价，并组织学生互评。

（二）任务驱动—协作学习型模式

该模式实施程序如下：

（1）教师依据教学重难点而灵活设计融合了信息技术的教学目标和任务。任务系统呈梯状，由易到难，具有层次性。

（2）教师提出教学任务，让学生自主选择合作伙伴，协作学习、共同探究。学生在探索学习中分享学习信息和资料，小组内互相交流，共同进步。

（3）教师进行总结性评价，重点考察学生对信息技术的应用能力。

二、信息技术作为教学工具的融合模式

信息技术辅助下的体育教学有多种表现形式，下面主要分析几种常见的表现形式。

（一）自主—监控型模式

自主—监控型模式是在网络教室里，学生利用教师提供的教学资源进行学习，教师监控学生的学习过程，提供辅导。在这个模式中，学生可以根据自己的需要使用网络资源。在教学过程中，教师监控学生活动，"手把手"对学生进行交互式辅导教学。

自主—监控型模式的实施程序如下：

（1）教师从教学目标出发来分析与处理教材，决定采取什么方式传

授教学内容。

（2）学生接受学习任务后，在教师指导下利用相关资料或信息进行独立学习或协作学习。

（3）教师总结并进行个别化评价。

（二）群体—讲授型模式

群体—讲授型模式是在同一时间向班级全体学生传授相同的内容，并将信息技术体现在教学方法和手段的运用中。

1. 优势

这种模式的优势如下：

第一，集图、文、声于一体，使体育教学更生动有趣。

第二，不受时空因素的限制，便于突破教学重难点。

第三，简单易操作，能够快速、及时地呈现教学内容，提高体育教学效率。

2. 实施程序

（1）教师备课时研究教学内容，自己设计课件，或从资源库中选择合适的课件。

（2）教师利用课件创设教学情境，给学生展示教学信息，引导学生思考。

（3）教师总结。

（三）讨论型模式

师生通过网络交流进行实时和非实时讨论，这种教学模式一般用于教师提出问题、学生讨论问题的教学中。学生不管是实时讨论，还是非实时讨论，教师都要认真倾听，发现学生的好思维，敏锐观察学生的问题，并给予指导。讨论结束后，教师进行总结和评价。①

讨论型模式可以使学生克服心理障碍，参与讨论，畅所欲言，调动积极性，但花费时间较多。

该模式的实施步骤如下：

---

① 郭亦鹏.高校教学管理信息化建设[M].长春：吉林大学出版社，2016.

（1）教师依据教学目标分析与处理教材,决定教学内容的呈现形式,并向学生呈现课件或网页类教学内容。

（2）学生接受任务后,在教师指导下查阅资料或信息进行独立学习或合作学习,利用信息技术完成学习任务。

（3）师生共同总结、评价。

三、信息技术作为学习工具的融合模式

将信息技术作为获取体育学习内容和学习资源、情境探究和发现学习、协商学习和交流讨论、知识构建和创作实践以及自我评测和学习反馈的工具。根据信息技术作为认知工具的应用环境和方式的不同,可分为下列几种模式。

（一）"资源利用—主题探究—合作学习"模式

通过社会调查、确定主题、分组合作、收集资料、完成作品、评价作品、意义建构等环节完成课程学习。教学过程如图3-2所示。

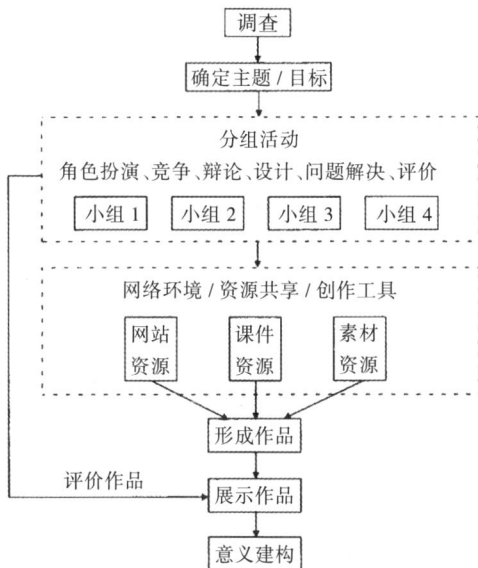

图3-2　"资源利用—主题探究—合作学习"模式 [1]

---

① 李伟明.信息技术与课程整合探索[M].广州:广东教育出版社,2003.

（二）"小组合作—远程协商"模式

在互联网环境下,学生自由组成合作学习小组,围绕同一学习主题而建立小组网页,互相浏览,交流意见,进行评比。教学过程如图 3-3 所示。

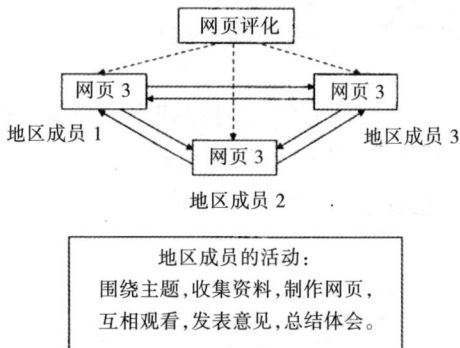

图 3-3 "小组合作—远程协商"模式 ①

（三）"专题探索—网站开发"模式

在互联网环境下,广泛而深入地研究学习某一专题,要求学生构建"专题学习网站"来培养创新精神和实践能力。"专题学习网站"通常包含如下基本内容:

（1）展示与学习专题相关的结构化知识,将与体育学习内容相关的文本、图像、动态资料等进行知识结构化重组。

（2）收集与学习专题相关的、扩展性的学习素材资源(包括学习工具和相关资源的网站链接)。

（3）围绕学习专题建立网上协商讨论、答疑指导和远程讨论等板块。

（4）收集与学习专题相关的思考性问题、形成性练习和总结性考查的评测资料,让学习者进行网上自评。

"专题学习网站"的结构如图 3-4 所示。

---

① 李伟明.信息技术与课程整合探索 [M].广州:广东教育出版社,2003.

结构化知识展示 —— 把教材内容相关文本、图形、动态资料结构化处理

专题网站

扩展性学习资源 —— 扩展性学习素材 / 相关资源网站的链接 / 学习工具（字典、辞典、仿真实验等）

网上协商讨论 —— 答疑和指导 / 远程讨论区域

网上自我评价 —— 思考性问题 / 形成性练习 / 总结性考查

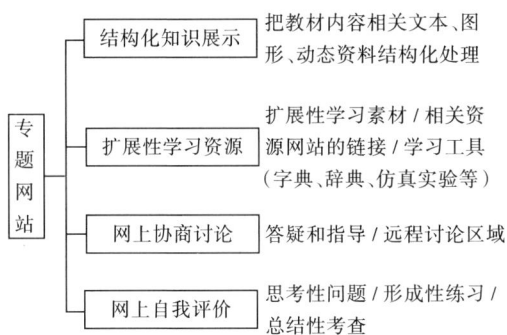

图 3-4 "专题学习网站"[1]

---

① 李伟明.信息技术与课程整合探索 [M].广州：广东教育出版社，2003.

第四章　现代信息技术下高校体育教学内容资源的挖掘与开发

现代信息技术的引入和使用对高校体育教学来说,是一个难得的发展机遇,为体育教学提供了更多的便利,有利于促进体育教学效率和质量的提高。但是从另一个方面来说,这也是对高校体育教育的一个挑战,如何结合信息技术选择合理的体育教学内容,成为一个新的研究课题,也成为高校体育教育者必须要面对的问题。本章将从体育教学内容、体育教学内容的选择和开发、体育教学内容资源的发展趋势、现代信息技术下体育教学内容资源的获取等四个方面,对现代信息技术下高校体育教学内容资源的挖掘与开发展开具体研究和阐述。

第一节　体育教学内容概述

一、体育教学内容的概念

体育教学内容是在体育教学过程中运用和选择的体育知识和体育技能的总称。体育教学内容由教学目标决定,是实现教学目标的物质载体。我们可以从以下几个角度理解体育教学内容。

(1)体育教学内容是开展体育教学活动的材料和依据。

(2)体育教学内容是根据体育教学目标制定的,以实现体育教学目标为最终目的。

(3)体育教学内容是相关教育者遵循科学和合理的原则从众多体育教材中精挑细选的结果。

(4)体育教学内容是教师和学生之间的沟通中介。

(5)体育教学内容是选择体育教学方法和体育教学手段的依据。

（6）体育教学内容能够影响体育教学的效果和质量。

二、体育教学内容的特点

（一）实践性

体育学科是一项注重身体实践练习的学科,虽然也包含体育理论知识和品德教育的内容,但是这些理论知识基本上也要结合身体练习展开学习。此外,体育教学的总目标是增强学生体质,促进学生全面发展,也体现出体育是一项注重身体实践练习的学科。体育学科的这种特点,决定体育教学内容呈现出实践性的性质。

体育教学内容的实践性特点要求,在体育教学的过程中,教师必须采用示范教学、重复练习等教学方法和手段,引导学生进行大量的身体练习,促进学生身体素质的提高。同时,还可以将体育健康知识讲解和身体练习结合在一起,让学生在练习过程中理解和记忆体育健康知识。此外,要让学生感受体育运动的魅力,形成体育运动兴趣,还要在身体练习中锻炼学生的意志,促进学生的全面发展。

（二）健身性

体育教学内容主要是以大肌肉群运动形式为主的技能学习与练习,学生在进行练习的时候,身体会承受一定的负荷,因此体育教学具有一定的健身作用。但是由于受到练习负荷、练习量等因素的限制,体育课程的健身作用时有时无,健身效果也不明显。

针对这种状况,以及为了实现增强学生体质的教学目标,体育教研部门专门根据不同阶段学生的身心发展特点,制定了能够有效促进学生体质发展的体育教学内容。这些教学内容具有合理的负荷强度和负荷量安排,能够发展学生不同身体部位的不同身体素质,最终促进学生身体素质的全面发展。

（三）娱乐性

相对于其他学科的教学内容,体育学科教学内容具有明显的娱乐性特点。首先,体育教学内容主要是各种运动项目的身体练习活动,这些运动项目本身就具有一定的娱乐和休闲性质,学生能够从练习活动中获得放松和乐趣；其次，相对于其他学科比较固定的学习环境，体育教学需要特定的教学场地和教学器材、练习工具等，能够带给学生一定的新鲜感；最后，体育运动能够增进学生们之间的交流和互动，使学生获得人际交往上的满足和乐趣。

（四）社会性

大部分体育运动本身就属于社会性活动的范畴，因此体育教学内容呈现出社会性的特点。学生在体育教学的过程中，往往需要相互配合才能完成各种练习动作，这就要求学生必须具备一定的人际交往能力和相互合作的能力。

除了学生和学生之间的交流合作，体育教育内容还要求学生和教师之间的交流更加紧密，这也就意味着学生除了在同学之间扮演"同学"的角色，其"学生"的角色也更加突出。因此，体育教学内容还能锻炼学生扮演不同角色以及做出不同反应的能力，进而提高学生的社会适应能力。

（五）空间性

体育教学内容之所以具有空间性的特点，是因为很多体育运动本身就受到空间的限制，必须在特定的场所进行。比如学习游泳运动必须要在水中进行，进行田径练习必须要有跑道等。空间性特点是体育教学内容物质要求的体现，也展现了体育教学内容的制约性。

三、现代体育教学内容体系

（一）体育、保健原理与知识

体育、保健原理与知识是体育教学内容中的理论部分，一般被安排在教学刚开始的第一、第二节课。这些理论知识起到的作用是让学生初步认识该项体育运动，指导学生正确地进行体育练习。

（二）田径运动

田径运动是一项发展人最基础、最全面的运动能力的运动项目，它发展的运动能力包括走、跑、跳、投等能力。这些能力是人们进行其他任何运动都需要的基本能力,也就是说其他运动项目所需要的运动技能都可以通过田径运动接触到或者学习到,也正因如此,田径运动又被称为"运动之母"。

田径运动的教学内容包括田径运动的理论知识,比如田径运动的规律和特点、田径运动的文化等;具体的田径运动项目,比如各类走跑项目、跳跃项目、投掷项目等,使学生发展田径技能、增强身体素质,同时也为学习其他运动项目奠定基础。

（三）体操运动

体操运动是一项古老的运动项目,也是一个独特的运动体系,在运动性的基础上,又具备了更高的观赏性和艺术价值。体操运动能够帮助人们发展力量素质、协调能力、平衡能力和灵活性等,对于改善人们的体形、体态也有重要的作用。

体操运动的教学内容包括各项体操运动技巧、支撑跳跃动作、单杠项目、双杠项目等。学生应该通过体操运动的学习,了解体操运动的发展历史、体操文化、体操相关赛事、体操运动的特点和规律等,掌握体操运动的相关技巧和动作,并通过体操运动的学习改善自己的体形、体态等。

此外,在体操教学的过程中还应该注重学生的心理发展,培养学生的心理素质、审美能力、表现能力等,促进学生的全面发展。

（四）球类运动

球类运动是一项重要的高校体育教学课程,高校开设的球类课程种类繁多,包括足球、篮球、乒乓球、羽毛球、排球、网球课程等。在课程的设置上,高校应该在尊重学生的兴趣爱好和锻炼需要的基础上具体确定。

球类运动的教学内容包含理论和实践两个方面。其中,理论方面包括某项球类运动的发展历史、赛事、运动规则、组织、裁判方法等。实践方面包含各种动作方法、运动技术、运动战术等,在进行实践练习的时候,教师要遵循运动技能的发展规律,先教授动作,再教授技术。要在学生熟练掌握动作和技术之后,才能教授运动战术。教师可以单独进行理论知识讲解,这样能够帮助学生完整地理解理论知识;也可以在实践练习教学的过程中穿插进行理论知识教学,比如通过组织学生进行比赛,既可以帮助学生掌握动作、技术和战术,也可以让学生在比赛中更加深刻地了解比赛的组织、比赛规则、裁判方法等理论知识。

此外,球类运动是一项非常常见的运动项目,器材、场地等方面的限制也比较少。教师可以在球类运动的教学过程中采取多种形式的教学方法,发掘学生的运动潜能,激发学生对体育的兴趣和热情,帮助学生形成终身运动的意识,促进我国群众体育的发展。

(五)韵律运动

韵律运动是近年来非常流行的一项运动项目,它既具有运动健身的作用,动作的韵律感又让它和舞蹈相似,具有舞蹈的美感。此外,韵律运动伴有音乐,又能够增加该项运动的趣味性和时尚性。常见的韵律运动项目包括健美操、体育舞蹈等,这些课程在高校内受到学生的广泛欢迎。

韵律运动的教学内容同样包含理论和实践两个部分。理论部分主要是韵律运动的发展历史、运动特点和规律、赛事、比赛规则等;而实践部分和其他运动则有所不同,除了有各种运动动作、运动技术等,还包含音乐选择、表现力培养等,运动美感也是韵律运动的重要评价标准之一。

通过韵律运动的学习,学生首先应该掌握运动技能,增强自身的身体素质,改善体形和体态;其次,应该提高自己的审美能力,学会发现美、欣赏美、创造美;最后,还应该提高自己的表现能力,学会用肢体动作、面部表情等表现自己的情感。

(六)民族传统体育运动

民族传统体育运动项目是我国人民在生活和劳作中发明并传承下来的智慧结晶,是符合我国国情和广大人民群众健身观念、健身特点和健身需求的运动项目。民族传统体育项目也是我国传统文化的重要组成部分,能够反映我国人民的价值观念和我国的文化特点,需要我们的传承和发展。

民族传统体育运动的教学内容同样包含理论和实践两个部分。理论部分主要是向学生介绍我国的民族传统体育文化发展历史、我国的体育哲学思想、体育价值观、体育养生观等。其中,最重要的是要通过民族传统体育运动教学向学生进行爱国教育,使学生感受到传统文化的魅力,建立起文化自信心和自豪感,增强学生的爱国意识。

实践部分的教学主要是各种民族传统体育运动项目,比如武术、气功等运动动作和技术的学习,使学生通过这些运动的学习增强运动健身意识和养生意识,掌握必要的养生保健、技击防卫等方法与技能。

（七）任选教学内容

在以上六项基本教学内容的基础上,高校还具备一定任选体育教学内容的权利。任选教学内容是指,高校根据自己的现实情况,选择符合学生兴趣和锻炼需求的运动项目作为教学内容,这些教学内容一般都具有比较强的地域性和民族性特征。

我国丰富的地势环境以及多民族的人口特点,决定我国体育文化的地域色彩和民族色彩十分显著,许多地区和民族都具有符合自己特色的运动项目。高校可以根据自己所在地区以及学生构成的特点,选择一些具有地方特色或者民族特色的运动项目作为教学内容,以满足学生的运动兴趣和文化需求。比如在内蒙古地区,可以选择类似于铁人三项的运动项目作为教学内容,在东北地区冬天开设滑冰课等。此外,教师还可以带领学生进行调研,了解当地的体育文化;学校还可以就开设的体育课程举办相关的运动比赛等,体现学校教学内容的文化性、地域性和民族性特点。

第二节　体育教学内容的选择与开发

一、体育教学内容的选择

（一）体育教学内容选择的依据

1. 体育课程目标

体育课程目标是整个体育教学活动的依据,贯穿体育教学的始终,体育课程内容选择作为体育教学的一环,也必须要以体育课程目标为依据。教师应该根据体育课程目标的要求,选择能够为实现课程目标服务的教学内容,比如课程目标是让学生掌握一套健美操动作,教师选择的教学内容就应该是某套健美操动作的教学。

2. 体育教学规律

体育教学内容的安排应该符合体育教学的规律。首先,选择内容应该符合学生的身心发展规律,每个学习阶段选择符合该阶段的学习内容;其次,在学习顺序的安排上应该符合学生的认知规律,按照先基础、简单,之后逐渐提高难度的顺序安排;最后,教学内容的安排还应该符合运动技能的发展规律,按照分解动作、组合动作、运动技术、运动战术的顺序安排,顺应发展逻辑。

3. 学生发展需要

学生是体育教学活动的主体,高校要根据学生的需要选择体育教学内容,才能真正体现体育教学的价值,取得理想的教学效果。

高校在进行体育教学内容选择时,一定要做好充分的准备调研工作,了解学生的发展需要,掌握学生的真实状况,选择具有现实意义的体育教学内容。高校应该确保每位学生经过体育教学内容的学习之后,身体素质都能得到一定程度的发展。

4. 社会发展需要

人是社会动物,学校的学习是为了人能更好地适应社会生活。因此,高校在进行体育教学内容选择时,要充分考虑社会发展的需要,选择的教学内容既要符合学生当前发展的需要,也要为学生的长远发展打算。高校应该使学生在体育教学中学习到的知识能够应用到现实的社会生活中,提高学生的社会适应能力。

(二)体育教学内容选择的原则

1. 教育性原则

体育教学本身是一项教育活动,因此体育教学内容的选择应该符合教育性原则,具体包含以下几方面的要求:

(1)选择的体育教学内容必须是具备教育价值的内容。

(2)选择的体育教学内容必须以体育教学目标为依据,能够为实现体育教学目标服务。

(3)在注重体育教学内容实用性的基础上,也不能忽视其文化内涵,应该让学生在学习运动技能的同时感受文化的熏陶。

（4）应该选择能够锻炼学生的意志和品德的体育教学内容,促进学生的全面发展。

（5）应该选择符合社会价值观念的体育教学内容,帮助学生建立正确的价值观念,提高学生的社会适应能力。

2. 科学性原则

科学性原则是指体育教学内容的选择应该符合事物发展的客观规律,具体包含以下几方面的要求:

（1）体育教学内容应该符合学生的身心发展规律,能够促进学生的身心全面、健康发展,不利于学生心理或者生理发展的教学内容都应该坚决摒弃。

（2）体育教学内容的选择应该符合科学的体育锻炼原理和方法,应该帮助学生建立正确的体育锻炼观念,掌握正确的体育锻炼方式。

（3）体育教学内容本身应该具有科学性。

（4）应该结合学校的实际情况,比如学校的气候环境、学校的体育设施状况等,选择与实际状况相符合的体育教学内容。

3. 趣味性原则

增强教学内容的趣味性能够激起学生的上课热情,使学生保持一个积极的心态进行学习,有助于提升教学的效果,更好地实现教学目标。趣味性原则包含以下几个方面的要求:

（1）在选择体育教学内容时可以采用网络投票、问卷调查等方式了解学生的兴趣,选择学生比较感兴趣的体育项目作为教学内容。

（2）应该尽量避免选择竞争性过强或者学习难度过高的体育运动项目,防止打击学生的学习信心和学习兴趣。

4. 时效性原则

时效性原则是指,体育教学内容应该具备简单易行、有效促进学生身心健康发展的特点,具有以下几方面的要求:

（1）体育教学内容应该以实践练习为主,避免选择过于注重书本知识的内容;避免选择具有“难、繁、偏、旧”等缺点的教学内容。

（2）应该在尊重学生兴趣和锻炼需要的基础上,选择受到群众广泛欢迎、普及程度比较高的运动项目作为体育教学内容,为学生的终身体育奠定基础。

5. 民族性与世界性原则

体育教学内容的民族性是指，应该适量选择具有我国民族特色，能够反映我国民族文化的运动项目作为体育教学内容，传承和发展我国的民族传统体育。

体育教学内容的世界性是指，体育教学内容的选择应该和世界接轨，借鉴和吸收国外优秀的课程内容与文化。

二、体育教学内容的开发

（一）体育教学内容开发的价值

1. 理论价值

（1）拓宽体育教学研究范围，促进体育教学改革

体育教学开发的内容是之前体育教学中不曾涉及或者没有深入研究的领域，开发之后体育教学的内容将会更加广泛。这样一来，人们研究的体育教学的范围将会进一步扩大，但是从另一个方面来说，人们进行体育教学研究的路径和渠道也在增加。

新开发的体育教学内容将会促进体育教学内容体系的进一步发展和完善，并随之带动体育教学类型、体育教学评价、体育教学方法和手段、体育教学组织等方面的变革。体育教学内容的开发将会成为新的突破口，促进体育教学的进一步改革升级。

（2）促进学校体育、社会体育、竞技体育三者之间的联系

任何一种体育都不应该是孤立存在的，只有和其他类型的体育相互借鉴、相互促进，才能保持长久的发展动力。过去人们一直将学校体育视为学校内部的体育，将学校体育的学习和应用局限于学校内部，很大程度上限制了学校体育的发展，也没有显示出学校体育教育的意义和价值，不利于学生终身体育的发展。目前人们已经认识到学校体育和社会体育、竞技体育加紧联系的重要性，而学校体育教学内容的开发正好成为促进三者之间联系的良好时机。

首先，体育教学内容的开发能够打破学校体育、社会体育、竞技体育三者之间的界限。社会体育和竞技体育的一些运动项目可以在适当提炼、加工之后，成为学校体育的教学内容。通过这些体育教学内容的衔

接,学生能够加深对社会体育、竞技体育的了解和认识,同时也为他们今后进行社会体育和竞技体育奠定了基础。

其次,学校体育想要从社会体育和竞技体育领域开发教学资源,必定会加紧与社会体育、竞技体育领域内的人力、物力、信息、财力上的联系,这在客观上促进了学校体育和社会体育、竞技体育之间的联系。

最后,学校体育教学内容能够打破人们之前对三者之间关系的认识,消除不同体育领域之间人们的隔阂和偏见,帮助人们树立正确的体育关系观念,为促进三者之间的联系做好思想上的准备。

（3）促进体育学科和其他学科以及校园文化之间的融合

在之前的发展中,学校教育各个学科之间的联系非常少,体育学科的教学内容也基本上仅限于本领域,这不仅不利于学校体育教学的发展,也不利于学生综合素质的培养。而随着认识的发展,人们逐渐意识到开放和包容、吸收其他领域的知识对于学科发展的重要性,因此体育教学内容的开发不再是孤立的行为,而是在学校和社会的大背景之下,结合了其他学科以及整个校园文化的内容,成为一个更加全面、综合的学科。

新开发的体育教学资源能够吸收健康教育、生活教育、生存教育、环境教育、国防教育等各个领域的知识和内容,促进体育学科和其他教育学科之间的交融和联系,使学生在体育教学的过程中获得更加全面、综合的知识体验,促进学生的全面发展。

（4）为体育教学改革提供理论支持

实践需要理论作为指导,体育教学改革的实践也必须要在理论的指导之下才能取得理想的效果。但是目前我国的体育教学改革出现一个比较严重的问题,就是缺乏足够的科学理论指导。一方面,体育教学改革的实践正在大力推进;另一方面,体育教学改革的相关理论却非常缺乏。这种状况无疑会让体育教学改革的效率和效果大打折扣。

而体育教学内容开发作为一种体育教学研究,能够取得一定的研究成果,不断完善体育教学的理论体系,进而为解决体育教学改革中的一些问题提供更多的理论支持。

2. 实践价值

（1）体育教学内容开发和合理利用是体育课程实施的前提

体育课程的实施实际上就是对体育教学内容的实施,因此体育教学内容的开发是体育课程实施的前提，只有不断进行新的体育教学内容开发，才能保证体育课程一直存在并长久发展。

体育教学内容是需要在范围广泛的体育教学资源中进行开发的，只有符合体育教学目标、学校的现实状况以及学生的身心发展需要的教学资源才能被开发成体育教学内容。开发成教学资源之后，教师还要用适合的教学方式和教学方法合理使用这些教学内容，只有这样才能使其真正展现作用和价值。

（2）有助于促进教师发展

教师是体育教学内容开发和利用的主体之一，体育教学内容的开发有助于促进教师的发展。首先，体育教学内容的开发是一项教学研究内容，有助于提升教师的科研能力；其次，体育教学内容的开发面临着教学理念和教学观点的革新，能够帮助教师转变传统的教学观念，树立符合体育教学改革和社会发展的新教学观念；最后，教学内容的开发有可能引发教学方式、教学手段、教学组织形式等方面的改变，这就要求教师随之改变，进而提高教师的教学能力，促进学生的发展。

（3）有助于突出学生的主体地位，促进学生的全面发展

学生是教学活动的主体，教学内容的开发应该围绕学生进行。首先，应该将有助于学生的身心发展作为教学内容选择的重要标准；其次，应该让学生参与到课程开发的过程中去，允许学生以教学主体的地位对教学内容的选择发表自己的观点；最后，应该注意选择能够符合学生学习兴趣的体育教学内容，帮助学生建立对体育课程的兴趣。

（二）体育教学内容开发的途径和方法

1. 对体育课程内容资源的开发与利用

（1）改造现有的竞技运动项目

竞技运动项目是体育教学内容开发的重要资源来源之一，但是竞技运动具有激烈程度高、竞争性强等特点，显然和学生的身心发展程度不匹配，无法直接作为体育教学内容。想要使竞技运动项目走进体育课堂，应该从以下几个方面入手进行相应的改造。

①简化竞技运动项目的规则。竞技运动项目的规则具有烦琐、复杂的特点，对专业运动员来说可能难度不大，但是对学生来说有一定困难。将竞技运动项目引为体育教学内容时，应该简化其运动规则，只保

留一些符合学生身心发展需要、具有较强趣味性的规则。

②简化运动项目的动作、技术和战术。将竞技运动项目中对身体素质和专业水平要求比较高的动作、技术和战术删除,只保留一些符合学生身心发展特点和运动水平的动作以及技战术。

③修改竞技运动项目的内容。删减一些具有繁、难、偏、旧等缺点的内容,无须太过强调动作内容的系统性和完整性。

④降低动作难度要求。降低运动项目中的动作难度等级,在训练时也不要求学生承担过大的训练负荷,不苛求动作细节,保证动作难度和训练难度都在学生的接受范围之内。

⑤改造场地和器材。一方面要符合学生身心发展特点和方便使用,另一方面要考虑学校的实际状况。

(2)引进新型的运动项目

随着社会的发展和生活水平的提高,人们的运动休闲需求不断增加,许多新型的运动项目就此诞生并发展起来,比如各种极限运动、轮滑、沙狐球、保龄球等。这些运动项目满足了人们的兴趣爱好和运动需要,同时还展现出时尚潮流、简单易学、娱乐性强等特点,受到包括学生在内的社会大众的广泛喜爱。将这些新型运动项目引入到体育教学内容中,一方面能够激发学生的学习热情,提升体育教学的效果,实现体育教学的目标;另一方面还能够促进校园体育和社会体育之间的联系,帮助学生建立起终身体育的观念,并为学生的终身体育奠定基础。

(3)开发中华民族传统体育

我国幅员辽阔、民族众多,各地区和各民族都产生了许多颇具特色的体育文化和体育活动,比如武术、龙舟、舞龙舞狮、荡秋千、踢毽子等。这些民族传统体育起源于人们的生产和娱乐活动之中,符合我国人民的健身养生观念,同时也体现了中华民族的文化特征和价值观念。将这些传统体育项目加以改造之后引入到体育教学中,不仅能够使学校形成独具特色的体育课程,还能够增强学生的民族文化自信心和自豪感,促进中国传统文化的传承和发展。

(4)通过整合体育课程资源创造新的体育教学内容

体育教师要在做好教学工作的基础上,不断发展自己的教学科研能力,大胆创造,勇于创新。比如教师可以创造性地将乒乓球和排球结合在一起,分析两者之间的共同点和不同之处,然后从运动场地、运动器材、运动规则、运动动作和技战术等方面将两者进行整合,创造出新的体育教学内容。尝试是创新的第一步,体育教师应该打破思想和规则的禁锢,在丰富的知识积累和科学创新理论的指导之下,不断拓展体育教学内容的新领域。

2.对体育课程条件资源的开发和利用

体育课程条件资源的开发应该从人力资源、物力资源、自然地理环境资源入手,具体做法如下。

(1)对体育课程人力资源的开发

体育课程的人力资源包括:体育教师、学生、班主任、家长,以及其他一些有一定体育特长的教职工、校医、校外体育专家、社会体育指导员、运动员、教练员、医生等。在开发体育课程人力资源的时候,应该注意以下几点问题。

①充分发挥体育教师的作用。体育教师是体育课程中最重要的人力资源,体育教师的水平会直接影响到体育教学内容的开发和利用、体育教学的效果和质量等。必须要充分重视体育教师在体育教学中的重要性,通过职业培训、奖励学习、绩效考核等方式不断促进体育教师学习和进步、发掘体育教师的潜能。

②要充分重视学生的作用。学生是体育教学活动的主体,要充分重视学生的主体作用,引导学生参与到体育教学内容开发的过程中。发挥学生的创造力和想象力,鼓励学生创新各种体育器材、各种体育教学方式、各种新型体育游戏等。

③积极发掘其他人力资源。比如进行一些体育知识普及、运动损伤防治以及健康教育等,可以请医生或者家长等配合进行;也可以请一些运动员进行演讲或者运动表演等,使学生认识到体育运动的魅力,激发学生对体育的热情等。

(2)对体育物力资源的开发

受到经济条件等因素的限制,一些高校呈现出体育教学物力资源比较缺乏的状况。针对这种状况,学校可以积极进行体育教学物力资源开发,加以弥补。具体开发途径和方法如下。

①物尽其用,开发一件体育器材的多种用法。比如用在跨栏运动中的跨栏架,也可以在一些爬、钻动作中当作障碍物,还可以被用在篮球运动中当射门工具等。

②制作简单的运动器材或者替代品等。比如废弃的排球可以被废

物利用制作成实心球,书包或者课本等物品可以在运动中被当成负重物或者标志物等。

③提高运动场地的利用效率。通过合理布局将学校的篮球场变成"一场多用"的场地,同时在上面进行轮滑、排球、羽毛球、健美操等运动项目的教学。

④在不影响学生上课和征得周围居民及员工同意的情况下,利用学校周围社区或者单位的场地和器材开展教学活动。

（3）对体育课程自然地理环境资源的开发

学校还可以将周围的一些山川、田野、森林等自然资源进行合理开发和利用,使其成为学校体育教学的场地或者器材等。比如利用周围的森林资源,学校可以开展野营或者定向越野等活动;利用山峰,学校可以组织学生进行爬山活动;利用沙滩,学校可以组织学生开展沙滩足球、沙滩排球等教学活动。

自然地理资源除了能够弥补学校在一些体育教学场地或者器材上的不足和匮乏,还有助于形成学校的特色体育课程。比如东北地区的一些高校,利用冬季丰富的冰资源开设了颇具东北特色的冰刀课,就形成了当地的特色体育课程。

第三节　体育教学内容资源的发展趋势

一、体育教学内容的未来发展趋势

（一）教学内容的学段分化和教学需求化发展

传统体育教学中,体育教学目标基本上是体育教学内容选择的唯一依据,教学的内容也只是以动作、技战术教学为主。一方面,体育教学内容的选择依据缺乏足够的科学性和合理性;另一方面,体育教学内容缺乏对学生心理、品质等方面的关注,不利于学生的全面发展。

伴随着体育教学的改革,新时期体育教学内容的选择将会参考多个方面的多个因素,比如体育教学目标、学生的身心发展特点、学生的兴趣爱好、学校的现实状况等,使参考依据具备充分的科学性和合理性。在具体的体育教学内容上,除了基本的动作、技战术教学之外,还会注重对学生的心理健康教育、体育文化熏陶以及品质和道德的培养等。

（二）教学内容更加关注学生的主体性

影响体育教学内容选择的因素众多，教师和学生是其中两个最重要的影响因素。以前的体育教学内容选择中，往往以教师为主体，更加关注教师的价值取向。并且以教师的教学为主，整个教学内容的选择就是围绕教师的"教"展开的。

而新时期体育教学内容的选择则会更加关注学生的主体地位，围绕学生的"学"展开。以利于学生的学习和发展为出发点，根据学生的兴趣爱好和身心发展特点选择教学内容，并引导学生参与到教学内容的选择中去，充分听取学生的意见。

（三）教学内容更强调对学生综合素质的促进

传统的体育教学更加注重的是对学生体育技能的培养，体育教学内容更多围绕专业的体育技能训练展开，成绩考核的重点也是学生的体能素质、动作和技术水平等。

而新时期的教学理念不再过分重视对学生运动技能的培养，而讲究通过体育教学促进学生的身心健康以及各种素质的全面发展。一方面，学生要通过体育课程增强体质，树立正确的运动健身理念，形成终身运动的意识；另一方面，学生要能够通过体育课程得到正确的心理引导，提高身心健康水平，培养良好的品德和意志。

二、体育教学内容改革的建议

（1）贯彻以学生为本的教学观念，将学生的兴趣爱好、身心发展特点以及运动锻炼需求作为体育教学内容选择的重要依据。

（2）在符合体育教学内容选择要求和依据的基础上，打破传统的体育教学内容大纲，扩大体育教学内容选择的范围，选择更加灵活、丰富，更加符合社会发展潮流以及师生发展需要的体育教学内容。

（3）逐渐淡化竞技运动的技术体系，应该改变过于重视发展学生的运动技术和战术的体育教学理念。

（4）增加基础性的体育教学内容，不必过于重视教学内容的技术性和难度性,重要的是使学生获得一定的体育运动技能,树立起终身体育的意识和观念。

(5)重视女性体育教育,适当增加女生喜爱的韵律体操和舞蹈内容。

三、体育教学内容改革措施

(一)教学内容选用以学生为本

学生是体育教学活动的主体,学生的特点和需求都应该成为体育教学内容改革的依据,教师要充分尊重学生的主体地位,根据学生的年龄、性别、身心发展特点、运动爱好、运动水平等选择合适的教学内容。只有充分尊重学生的兴趣爱好和运动锻炼需要,体育教学内容才能激发学生的学习兴趣,取得理想的教学效果。

(二)重视学生各项素养的培养

现代社会需要的人才是全面发展的人才,教育的任务也扩大到培养学生的全面素质,而体育教育作为人才培养的一个重要环节,选择的教学内容也应该满足培养学生的各项素养,尤其是体育素养的需要。

在选择体育教学内容时,首先,应该关注学生的生理健康,帮助学生发展各项运动技能;其次,应该关注学生的心理健康,帮助改善学生的心理状况,促进学生心理的健康发展;最后,还应该注意体育教学内容对学生各项价值观念形成和发展的影响,引导学生形成正确的价值观、人生观、体育观,以及锻炼学生的意志品质等。

(三)丰富体育文化内容

除了体育课堂之外,各种校园文体活动也是推动体育文化传播、促进体育运动发展的重要途径。高校除了发展和创新体育教学之外,也应该重视校园文体活动的发展,为学生创造参加文体活动的机会,保障学生参加文体活动的权利。

在体育教学内容选择上,也应该与校园体育文化建设相结合,在充分考虑本校教育计划、季节特点、节假日等因素的基础上,综合选择能够与校园文化建设相得益彰的体育教学内容。调动学生进行体育学习的热情,使学生更好地了解、传承和发展体育文化。

（四）突出教学内容的实用性

首先,在选择体育教学内容时应该尊重客观现实,保证教学内容能够满足大部分学生的学习兴趣和现实需要,保证有能够实施教学内容的教学条件等。

其次,在满足学生自我发展需要的基础上,不断丰富与社会接触密切的体育教学内容,如游泳、攀岩、野外生存、高尔夫等,让学生能更多地与社会生活接触,做好学生体育活动的校园生活与社会生活的衔接,增强学生的社会适应性的提高。

第四节　现代信息技术下体育教学内容资源的获取

一、获取途径

根据教学资源类型的不同,现代信息技术下体育教学内容资源的获取主要有以下几种形式:

（1）当需要的教学资源是文本时,可以采用的获取途径主要包括:手动输入、扫描文本输入、寻找网络电子文本等。

（2）当需要的教学资源是图像时,可以采用的获取途径主要包括:直接扫描印刷物上的图像;自己利用制图软件制作图像;直接从光盘、教学资源库、网络上搜集图像。

（3）当需要的教学资源是音频时,可以采用的获取途径主要包括:直接播放录音带或者对录音带的内容进行录音;利用音频制作软件自己制作音频;从教学资源库、网络、音效素材光盘等处寻找搜集音频。

（4）当需要获取的教学资源是视频时,可以采用的获取途径主要包括:从 DVD、VCD、教学资源库、网络等处寻找搜集视频资源;用采集卡采集录像带、摄像机等视频信号。

（5）当需要获取的教学资源是动画时,可以采用的获取途径主要包括:利用动画制作软件自己制作;从网络、教学资源库、光盘等处搜集动画教学资源。

二、具体获取方法

（一）搜索引擎

利用搜索引擎进行网络信息资源搜索是目前使用范围最广，也是最有效的方法之一。

1.搜索引擎的含义

搜索引擎是互联网环境中的信息检索系统，包括目录服务和关键字检索两种服务方式。搜索引擎为用户提供检索服务，它能根据一定的策略，运用特定的计算机程序搜集互联网上的信息，然后将组织和处理后的信息显示给用户。[①]

2.搜索引擎的类型

（1）全文搜索引擎

全文搜索引擎是指，数据库中的信息来自于互联网的各个网站，并能够按照用户的查询条件寻找与之相匹配的记录，然后按照一定的顺序向用户反馈结果的搜索引擎。

常见的全文搜索引擎包括谷歌、雅虎、百度、搜狗等。

（2）目录搜索引擎

目录搜索引擎并不能算是真正的搜索引擎，它的原理是将网站链接按照一定的目录进行分类，并形成目录列表，用户不是按照关键词而是按照目录寻找自己需要的信息。

常见的目录搜索引擎包括新浪、搜狐、网易等。

（3）元搜索引擎

元搜索引擎是指在接收到用户的搜索指令之后，从其他搜索引擎上进行搜索，并自动对搜集到的信息进行整合处理，进行信息分类、去掉重复信息等，然后再将搜集到的信息结果反馈给用户。

常见的元搜索引擎包括 Dogpile、比比猫览搜等。

（4）垂直搜索引擎

垂直搜索引擎是指针对特定领域或者特定搜索需求的搜索引擎，比如车票搜索、视频搜索、书籍搜索等。

---

① 张一春.信息化教学技术与方法[M].北京：高等教育出版社，2013.

常见的垂直搜索引擎包括购物网站,如京东的商品搜索;视频网站,如优酷的视频搜索等。

3. 搜所引擎的使用方法和技巧

（1）选择合适的搜索引擎

不同的搜索引擎具有不同的特点,针对的用户需求也不相同,因此根据自己的需求选择合适的搜索引擎十分重要。当需要查找英文资料时,应该优先选择国外的搜索引擎,比如谷歌、雅虎等;当需要查找特殊资料时,应该选择 Dogpile 等元引擎;当需要查找普通的中文资料时,可以选择国内的百度、搜狗等搜索引擎。

（2）缩小检索范围

网上的文献、资料、信息数量众多,如果搜索的范围过大、针对性不强,将会得到无数搜索结果,加大信息辨别和选择的难度。因此在进行搜索时应该缩小自己的搜索范围,提高搜索的针对性。

（3）构造恰当的检索表达式

①使用布尔逻辑操作符

AND:"与""和"的意思,是指搜索的结果需要同时满足所有的搜索关键词,比如"大学 AND 体育"是指需要同时满足"大学"和"体育"两个关键词。"AND"也可以用"+"或"&"代替。

OR:"或"的意思,是指搜索的结果需要满足其中一个关键词,比如"大学 OR 体育"是指需要满足"大学"或者"体育"其中一个关键词即可。"OR"也可以用"1"或者空格代表。

NOT:"非"的意思,是指搜索的结果需要满足"NOT"之前的关键词,但是不可以满足"NOT"之后的关键词,比如"大学 NOT 体育"是指搜索的结果需要满足"大学",但是不能和"体育"相关。"NOT"也可以用"!"或者"—"代表。

②使用通配符"*"

比如输入"体育 *"是指搜索所用与"体育"二字相关的内容,比如"体育教师""体育课程"等。

③使用双引号

使用双引号是指可以查询完全符合引号内容关键字串的网站,如输入"体育教师",能够找出所有与"体育教师"相关的信息资源,但是不会出现"体育"或者"体育课程"等相关的信息。

④使用","

表示可以分割成多个查询条件,有些网站可以用":"或者空格来代替","。

⑤使用"《》"

搜索的内容和图书资源相关,比如输入"《体育教师》",搜索结果将会和图书《体育教师》相关。

⑥指定文件类型

Site:代表网址,表示只搜索指定网站中的关键词相关信息。

Filetype:代表文件类型,表示只搜索带有关键字的特定类型的文件。

Inurl:代表文件类型,表示搜索包含有特定类型文件的网页。

(4)选用准确的关键词

关键词是影响搜索结果准确性的重要因素,因此在进行搜索时一定要注意选择准确的关键词。首先,关键词应该能够清晰表达出想要搜索的内容;其次,当出现的搜索结果不符合要求或者内容过多时,应该及时调整关键词;最后,在进行英文搜索的时候要注意关键词的大小写等。

(5)利用进阶检索功能

该功能主要提供给用户在结果中继续搜索和在结果中排除某个关键词的服务。

(二)下载工具

利用下载工具从网络上下载教学资源是一种常见且有效的教学内容获取方法。随着技术的发展,现在的下载工具除了能够提供下载服务,还能够提供网络检索服务,极大地方便了用户。常见的下载工具主要包括迅雷、电驴等。

1.迅雷

迅雷是目前国内用户最多、使用范围最广的下载软件之一。迅雷本身不上传资源,它的资源库是由用户下载过的资源构成的,只要用户曾经使用迅雷下载过资源,迅雷就能将其记录下来,并将其提供给后面的用户。

迅雷之所以能够拥有数量庞大的用户,和其强大的功能分不开。迅雷的功能包括:能够自动排除无效链接、支持各节点自动路由、支持多协议下载、支持不同的下载速度等。

2. 电驴

电驴也是一种常见的下载工具,它是一种用户对用户的文件共享软件。其工作原理为:当一个用户发出下载请求时,电驴就会寻找拥有该资源的其他用户并请求该用户进行资源上传,资源上传之后,电驴会将该资源分割成不同的部分,供不同的人下载,然后再分别选择与自己连接速度最快的用户处同时下载不同的部分,这样每位用户都是下载者但同时又是上传者,而电驴就构成了自己的资源库。

(三)网络数据库

1. 常用期刊数据库

(1)常用中文期刊数据库

①中国知网数据库

中国知网是世界上最大的学术期刊检索系统,是我国信息化建设的重点工程。知网数据库收录的资源包括各学科的期刊、硕博论文、报纸、会议论文等,目前知网收录的论文大概有 3400 多万篇,来自于 7900 多个学术期刊,其中甚至年份为 1915 年的论文也有收录。

②万方数据库

万方数据库也是我国用户数量相当庞大的一个专业学术数据库,其资料包含各种期刊、会议纪要、论文、学术成果、学术回忆论文等。万方数据库提供的资料以 PDF 的形式呈现,万方数据库的资料浏览方式包括按刊浏览、论文库检索、引文检索等。

③中文科技期刊数据库

中文科技期刊数据库也被称为维普数据库,共包含社会科学、自然科学、工程技术、农业科学、医药卫生、经济管理、教育科学和图书情报八个专辑的资料全文,是目前世界上最大的综合性全文数据库之一。中文科技期刊数据库从 1989 年的数据开始收录,目前已经收录有接近12000 种期刊的全文,其数据更新非常及时,每周都会进行数据更新。

(2)常用外文期刊数据库

① EBSCO 数据库

EBSCO 数据库属于 EBSCO 公司,其主营业务包括各种印刷型期刊、电子期刊、电子文献数据库的出版发行。目前使用的期刊数据库包括学术期刊集成全文数据库、商业资源电子文献全文数据库等。

②ScienceDirect 数据库

ScienceDirect 数据库属于荷兰爱思唯尔公司,该公司的经营业务是科学、技术、医学信息的供应与出版,其出版物的高质量世界闻名。目前在我国访问 ScienceDirect 数据库的方式主要有两种,分别是通过清华大学镜像站访问或者通过国际专线访问。

2. 电子图书数据库

（1）超星图书馆

超星图书馆是目前世界上最大的综合性中文线上图书馆,收录了数百万册电子图书和 500 多万篇论文,涉及包含文学、经济、计算机等在内的 50 多个学科。

（2）方正数字图书馆

方正数字图书馆也是一个综合性中文线上图书馆,收录的图书数量高达 80 多万册,涉及多个学科。方正数字图书馆除了支持线上阅读,也支持下载阅读,但是对下载有一定的期限限制。

（3）EBSCOhost 系统全文网络数据库

该数据库属于 EBSCO 公司,该公司是目前世界上最大的提供学术电子文献服务的专业公司,目前已经开发了 300 多个在线文献数据库产品,涉及的领域包括人文社科、教育等众多领域。

3. 学术论文数据库

（1）知网中国优秀硕博士学位论文全文数据库

该数据库是目前中国最知名的学位论文数据库,具有论文数量多、质量高、涉及领域全面等优势,现有硕士论文大概 140 万篇、博士论文大概 17 万篇,数据在持续更新中。

（2）万方学位论文数据库

该数据库搜集了自 1980 年以来我国硕博士发表的论文共 150 万篇左右,并且每年更新大概 30 万篇新论文。

（3）PQDD 学位论文库

该数据库属于美国 Proquest Information and Learning 公司,现有论文数量大概 250 万篇,涉及的领域包括文、理科以及工、农、医等,收录的论文一般学术性较强。

（四）资源搜集设备

1. 扫描仪

扫描仪是一种可以将外部静态图像输入到计算机的图像采集设备。其具体操作方法如下：

（1）在电脑上安装扫描仪的配套扫描软件。

（2）将需要扫描的文件朝下放在扫描仪的玻璃板上，注意要将文件纸张展平并紧贴在玻璃板上，且一次一般只能扫描一页内容。

（3）根据自己的需要设置扫描软件的参数，比如扫描的是文本或者图片、需要的分辨率、色彩等，设置完毕之后点击扫描键进行扫描。

（4）扫描结束之后选择文件的保存形式，可选的保存形式一般有jpg 或者 pdf 等。

（5）还可以根据自己的实际需求，利用文字识别软件将自己扫描的文本转化成 TXT 形式。

2. 录音笔

现在的录音笔一般是指数码录音笔，具有方便携带、使用时间长、功能多样等优点。录音笔的具体使用方法如下：

（1）根据录音笔的指示灯或者别的指示方式将录音笔打开，进入工作状态。

（2）录音结束后按照指示停止录音，并将录音内容保存。

（3）可以直接用录音笔播放录音，也可以通过 USB 数据线等将录音内容拷贝到电脑中。

（4）及时为录音笔充电。

3. 数码相机

数码相机是指通过存储介质储存图像数据的相机，其优点在于不受胶片的限制，使用方便。数码相机的具体使用方法如下：

（1）设置相机的参数

拍照模式：一般情况下直接选自动模式即可，如有特殊要求可以根据自己的实际需要和相机的功能等选择人像、运动、静态等模式。

分辨率：一般根据拍摄的要求和相机的存储容量确定图像的分辨率。

其他：当选择了非自动模式的其他拍摄模式,应该同时对光圈、快门以及一些其他参数进行相应的设置。

（2）构图与取景

数码相机一般会配有取景框方便用户取景,有些数码相机除了取景框之外还配有显示屏。在构图和取景时,要注意突出重点,即将要拍的物品置于画面的中心位置。此外,相机的取景框和显示屏的色彩可能会存在一定的差异,应该以取景框的色彩为主。

（3）光线和闪光灯的使用

数码相机闪关灯的光线可以分为闪光、不闪光、防红眼闪光和自动闪光四个等级。一般在光线比较暗的背景之下拍照时,相机会自动提示是否需要开闪光灯,用户可以根据自己的需要选择开或者不开闪光灯,以及开什么类型的闪光灯。

（4）色温的选择

数码相机的传感器为 CDD 芯片,无法对光源进行具体分类,用户一般可以用白平衡调节方法校正照片的色温。

第五章 现代信息技术下高校体育教学手段和方法的改革与发展

21世纪是数字化时代,是信息化时代。随着现代信息技术的普及,教育表现出现代化特征,信息技术在教育领域中被广泛应用,高校体育教学手段与方法也在不断进行改革与创新。本章从简单阐述体育教学手段与方法的相关概念出发,列举常用的体育教学手段与方法,回顾体育教学手段与方法的改革与发展,最后探讨现代信息化教学技术在体育教学中的应用。通过对现代信息技术下高校体育教学手段与方法的研究,不仅能够帮助体育教师更新自身观念,提高教学水平,而且能够帮助学生更好更快地掌握体育基础知识,爱上体育活动。本章具有较强的理论价值,同时为创新现代体育教学提供参考。

第一节 体育教学手段与方法概述

一、体育教学手段与方法的相关概念、分类

(一)概念

不同学者对体育教学手段与方法的概念有不同的认识、不同的定义,深入理解此概念,可以从四种角度进行界定。

(1)从方式、方法的角度来看,体育教学手段与方法是实现体育教学目标、完成具体教学任务所采用的方式、办法。

(2)从途径、手段的角度来看,体育教学手段与方法通常强调完成体育教学目标所采取的、能够得到落实的具体措施。

(3)从总称、总和的角度来看,此概念是从教育学领域引入的,体育

教学手段与方法包括多种途径、多种手段。

（4）从师生活动的角度来看，体育教学活动作为一种双边活动，需要教师与学生之间的密切配合。教学手段与方法不仅体现在课堂上体育教师的教学过程和学生的学习过程中，还包括体育教师在课下对学生学习方法的指导。此观点突破了传统观点的束缚，越来越受到大家的认可。

综上所述，尽管对体育教学手段与方法的概念没有达到完美的统一，但有几点是得到普遍认同的。

（1）体育教学手段与方法的实现需要师生的共同参与，包括教师教的方法和学生学的方法。

（2）体育教学手段与方法需要落实到具体的技术与途径上。

（3）体育教学手段与方法包括多方面的内容，不仅指教师的"教"。

（二）分类

不同学者对体育教学手段与方法的分类有着不同的看法，其分类方式、分类标准多种多样，形式也不尽相同。下面以几个在体育界中较为著名的专家学者为例，介绍部分具有代表性的分类方式（表5-1）。

表5-1 不同专家学者对体育教学手段与方法的分类 [1]

专家	分类标准	具体类别及例子
马特维耶夫	方法的来源	①专门手段与方法，如严格规定的练习法、游戏法、比赛法 ②一般的教育学方法、手段，如语言法、心理调节法、直观法等
王广虎	教学原则	①技术教学法，如分部解法、分段分解法、分化分解法 ②组织教学法，如分流法、循环法、游戏竞赛法 ③教学组织法，如循序分期法、均衡对称法、综合恒定法等
樊临虎	师生角色活动	①教师的指导法，如讲解法、示范法、纠错法 ②学生的练习法，如观察法、听讲法、练习法等
张学忠	教学功能	①传授知识、技能类方法，如直观教学法、练习法 ②激发情感类方法，如游戏法、鼓励表扬法 ③培养审美的方法，如形体练习法、鉴赏和创造法 ④人文教育的方法，如鼓励法、批评法、思想引导教育法等
曲红军	要素本质属性	①原理性教学方法，含知识型和能力型教学方法 ②操作性教学方法，含以语言为主和以语言为辅的方法

---

[1] 霍军.创新教育理念下体育教学方法理论与实践研究[D].北京体育大学,2012.

续表

专家	分类标准	具体类别及例子
冯晓丽	方法论层次	①作为指导思想的教学手段与方法 ②作为教学操作程序和步骤的教学手段与方法 ③作为教学方式、手段的教学方法等
彭小伟 杨国庆	整体教学方法	①以传授知识技能为主的方法,如讲解法、演示法 ②以发展学习能力为主的方法,如示范法、探究性教学法 ③以形成心理品质为主的方法,如念动练习法、暗示教学法 ④以培养团队协作精神为主的方法,如合作性学习法等
刘海元	信息感知途径	①语言感知类,如讲解法、提示法、问答法 ②视觉感知类,如示范法、演示法、观察法 ③本体感知类,如分解法、完整法、巡回法 ④统合感知类,如游戏法、比赛法、榜样法等

二、体育教学手段与方法的层次结构

体育教学的手段与方法具有一定的层次结构,其具体内容与教学行为之间关系密切。体育教学手段与方法通常是教师所掌握的科学合理的教学技术,是教师群体根据多年经验总结出来的有规律的教学技法。体育教师可以通过学习,不断掌握与运用先进的教学手段与方法,规范自身教学行为,提升自身教学水平。

体育教学的手段与方法主要由三个层次构成:上位"教学方略"层次,中位"教学方法"层次和下位"教学手段"层次。

(1)"教学方略"层次,也可以称之为教学方式或教学模式。作为整个结构层次中的上位层次,是广义的教学方法的组合设计,是教师综合使用各种手段展开实际教学的行为方式。通常情况下,教学方略体现在单元设计、课程设计上。例如,发现式教学法就是一种较为典型的广义的教学方法,它由许多中层次的教学方法(如提问法、总结归纳法等多种教学方法)组合而成,模型演示等多种教学手段也包括在内。

(2)"教学方法"层次,也可以称之为教学技术,在整个结构层次中属于中位层次。教学方法指教师在教学行为中为了实现特定的教学方式而采用的一种具体的手法。以提问法为例,就是利用提问、解答的形式实现教学目标的一个具体方式。体育教师在课堂上某个教学步骤中通常会使用某种特殊的教学方法。

(3)"教学手段"层次,也可以称之为教学工具,在整个结构层次中属于下位层次。教学手段是教学方法的一个重要组成部分,在具体的教学环节(场景)中往往有所体现。例如,在提问法中使用挂图的工具来实现某个教学方法,在此过程中,挂图法就是一种主要的教学手段。

三、体育教学手段与方法的选择

体育教学手段与方法的选择引导着体育教学活动的开展,是衡量教师教学水平的重要工具。

(一)体育教学手段与方法选择的依据

教学手段与方法的选择应以达到教学目标、完成教学任务为目的。教学手段与方法的选择体现了教师对知识关系的认识,体现了教师的教育观念与个人对教学的独特理解。在体育这一特殊的学科中,教学方法与教学内容之间有着密切的联系,好的教学方法、教学手段应该能够做到完整清晰地呈现教学内容。不同方法、手段之间存在差异,有各自的优点与缺点,因此,教师在选择与运用具体的教学手段与方法时,需要充分考虑客观条件,综合考量教学目标、教材特色、学生情况等各种因素,争取实现最佳的教学效果。

1.根据教学目标进行选择

体育学科的教学目标通常涉及掌握体育基本知识、提升思想品质、促进身体健康等多方面的内容,构成要素较为复杂。因此,教师在开展教学活动时应该有所侧重,根据目标的不同选择不同的教学方法。例如,讲授法能够以最快速度帮助学生达到提升知识水平的目标;竞赛教学法则侧重于实践,重在引导学生参与体育活动,最大程度地实现提升学生体质健康水平的目标。

2.根据教学内容、教学对象进行选择

教学方法、教学手段需要根据教学内容、教学对象的不同而有所差别。例如,体育教师在课堂上采用讲授法讲授理论知识时,需要在乏味的理论知识讲解中穿插一些有趣的案例,调动学生的积极性,帮助学生快速理解与掌握相应知识。而在运动技能的教学过程中,需要降低讲授法的使用频率,多采用示范教学,让学生有直观的运动感知,在同一时间内增强学生的运动技能和身体素质。与此同时,体育教师应灵活运用

分解教学法对复杂动作进行讲解,将技术动作进行合理分组,让个人逐渐掌握较为复杂的技术动作。

3.教学手段与方法的综合运用

教学手段与方法应服务于教学活动、教学目的。在现代化体育教学中,可以根据实际情况,综合选择与使用多种教学方法,不受方法类别和数量的限制,只为了追求更好的教学效果。不同的教学方法可能会相互影响,实现优势互补。在综合运用教学手段与方法时,需要注意不同方法之间的内在联系,发挥整体效果。简言之,机械地拼凑教学方法会增加不同方法之间的矛盾,无法形成合力,浪费宝贵的教学时间。

(二)体育教学手段与方法选择的有效策略

1.以学生兴趣为导向开展体育教学活动

俗话说得好,兴趣是最好的老师。兴趣作为学生学习的主要动力,有助于学生发挥自主学习的意识,激发内在创造力。

体育教师需要以学生兴趣为导向开展体育教学活动,营造良好的学习氛围,丰富教学内容,采用多种教学手段与方法激发学生对体育活动的兴趣。例如,设计游戏环节、利用多媒体进行教学演示等,保持学生对体育教学的新鲜感,从而积极主动地参与到体育教学活动之中。

2.推动体育教学手段与方法的多元化发展

在现代体育教学中,单一的教学方法所发挥的作用已经十分有限,对此,教师可以对多种教学方法进行多元化组合,这样做可以使教学方法的应用更加符合教学活动的需求。[1]现阶段,常见的教学手段与方法的组合形式有身体练习与游戏教学法的结合、分解法与完整法的结合等。教学手段与方法的多元化发展,能够实现不同方法之间的相互促进,实现最佳的教学效果。

3.促进理论教学与实践教学的有效结合

体育学科与其他学科有所不同,非常强调实践性,追求实践价值。但我国体育教学长期存在理论与实践相脱离的情况,不利于学生体育素

---

[1] 孔庆英.关于体育教学方法选择的探讨[J].体育世界(学术版),2019(10):127+126.

养的提升。针对这种现象,体育教师在教学活动中必须做到理论与实践的有效结合,在传授运动技能的同时,插入一些理论性知识,构建学生的理论基础,为开展体育锻炼提供科学依据。

4. 引入现代化信息技术

在当代体育教学中引入信息技术,可能会产生出乎意料的效果。例如,通过播放多媒体视频讲解运动技术,进行动作分析,反复播放重点内容、复杂动作或是进行慢动作分解,能够有效帮助学生掌握运动技巧,起到事半功倍的效果。利用信息化器材测量学生的身体状况,能够更准确地了解学生的现状,为学生制定有针对性的训练计划。

第二节　体育教学中常用的教学手段与方法

教学手段与方法随着教学实践、教学思想的发展而不断创新,任何一种方法都有各自的优势和局限,需要教师根据自身经验和实际情况灵活运用。体育教学有着自身独特的特点,采用的教学手段与方法常常与身体练习相结合。因此,体育教学手段与方法的选择应该遵循合理安排运动负荷这一重要原则。体育教学中常见的教学手段与方法有语言法、示范法、完整法、分解法等。

一、语言法

体育教学中常用的"语言法"指体育教师在教学过程中,合理运用语言指导学生理解学习内容、开展身体练习的一种手段与方法。

体育教学活动的各个环节,例如,传授知识技能、增强学生身体健康等,都需要通过教师的语言得以实现。教学效果在很大程度上与体育教师的语言水平密切相关。语言是组织教学活动的必要工具,是教师必须掌握的基本功,体现着教师的能力与教学的艺术性。

实践证明,体育教师想要上好体育课,必须合理运用语言,只有语言清楚明确,课堂的结构层次才会清晰,学生才能在教学过程中将看、听、想、练等各项内容有机地结合起来。

（一）体育教学中"语言"的范围

体育教学中的语言包括多种形式。

1. 讲解

讲解作为体育教学语言中的一种主要方法，运用非常广泛。讲解指体育教师通过语言向学生传授知识技能，讲解动作技术，组织练习活动，实施思想教育，提升学生体育能力与综合素质的一种常见方法。

体育教师在讲解过程中，要注意所教授内容的科学性与系统性，做到重点突出，语言准确、精练，追求教育性和启发意义。教师的生动讲解能够增强学生的感性认识，培养学生的积极思维，促进学生引发联想，并快速掌握技术动作、运动技能。例如，在教高抬腿跑时，让学生联想一下上坡骑自行车的腿部动作；在教前后滚翻技巧时，让学生想想滚动的圆球；在教双杠支撑摆动、单杠悬垂摆动时，让学生想想钟摆的摆动等。[①]除此之外，体育教师要充分考虑学生的技术水平、理解能力，灵活地进行讲解。例如，在讲解前滚翻动作技巧时，让低年级的学生将自己想象成滚动的圆球。但当面对高年级学生时，教师可以通过严谨的技术讲解或不断的发问，帮助学生领会其动作要领。

还需要特别强调的是，体育教师在讲解过程中要注意语调的变化，把握讲解的时机，结合各种手势，增强讲解的效果，吸引学生的注意力。学生情绪低落时，教师可以加快语调，让语言更具有鼓励性；学生过于亢奋时，教师可以放慢语调，稳定学生的情绪。

2. 口令

口令是体育教学中一种特有的"专业性教学语言"，一般可以分为队列口令、数字口令、信号口令等。口令这一方法在体育教学中的作用十分重要，是完成体育教学任务的重要保证。

队列与队形练习的口令有完整与不完整口令之分。完整口令一般由预令、动令组成，例如，"向右转——起步走"等。不完整口令通常指只包括动令的短促口令，例如，"稍息""立正"等。一般要求预令吐字清楚、发声宏亮、突出主音；动令宏亮有力、干脆果断，给人"令行禁止"的感受。完整口令需要在发出预令后停顿一段时间，再发出动令，注意

---

① 陈琦，苏肖晴，关文明.体育教学原理与方法[M].北京：长征出版社，2000.

控制间歇时间的长短。当队伍中人数较多且大多数学生对动作的掌握情况不佳时,预令可稍稍拉长。

基本体操口令一般采用呼数字的形式,喊法通常是"预备起""1、2、3、4、5、6、7、8""2、2、3、4、5、6、7、8"……教师呼数字的声量大小一般与动作的用力程度成正比,伸展动作通常呼得较为柔和,用力动作通常呼得较重。与此同时,呼数字的节奏也有快、慢、轻、重之分,扩胸运动、跳跃运动、整理运动的呼数字方式和特点各有不同。

数字口令指按照一定的节拍、节奏喊出数字,帮助学生在节奏与练习的动作之间建立联系,提升肌肉感觉的准确性。例如,体育教师在学生进行跨栏跑练习时,有节奏地喊出"1、2、3"的数字口令,帮助学生练习栏间步伐。

3. 指示与提示

指示作为一种教学语言,通常较为简洁,以命令的方式指挥学生的活动。指示不仅包括对基本体操动作要求的指示(如抬头、挺胸等),还包括教师在练习结束后对学生动作掌握情况进行的分析与总结。体育教师的总结式指示需要让学生明白自己在哪些方面做得不够,需要如何改进和提高;在哪些方面做得很好,需要如何保持。指示的语言要简明扼要,形式直观形象,可以采用多种方式(如提问、演示等)吸引学生的注意力,提高教学的效果。

提示指体育教师采用简短的语言,及时提醒或指出学生在身体练习过程中需要注意的某个动作或需要掌握的动作要领。学生在进行动作练习时,可以根据教师的提示,迅速调整练习动作,逐渐掌握动作技术。例如,体育教师在学生接近踏板前用"快"字进行不断提示,纠正学生在接近踏跳板前降低跑步速度的毛病。

4. 口头评价

口头评价属于一种即时评价,指教师按照一定的规则和标准,口头对学生的学习情况进行评价的一种方法。在具体的体育教学活动中,教师对学生进行口头评价,及时指出练习动作中出现的问题,有助于纠正学生的错误动作,提升学生的信心,调动学生练习的积极性。记忆与遗忘的相关研究结果表明:学生在做完动作后的 25 秒之内,记忆度为100%,之后便产生遗忘现象,记忆中 30% 的内容被遗忘。因此,体育教师迅速、及时地评价与改进学生的练习动作,能够帮助学生快速掌握技术动作。

口头评价可以针对个别学生,也可以针对整个学生群体。教师及时反馈学生的学习情况,学生及时了解自身的学习结果,能够促进学生不断反思、不断精进。在运用口头评价时,需要注意以下几点:

(1)评价需及时,并以正面鼓励为主。

(2)评价需要实事求是,并明确指出缺点与努力方向。

(3)评价最好面向全体学生,避免仅评价少数人,造成学生之间存在心理不平衡现象。

5.默念与自我暗示

默念与自我暗示都属于教学与训练中常见的心理训练方法,此方法主要通过无声的语言来进行学习。默念指在做具体动作之前,默想整个动作过程或某个具体动作的用力方向、程度等。自我暗示指在练习过程中重复某些指示性句子。相关研究表明,语言与肌肉感觉存在一定的联系,无声语言能够帮助学生在头脑中展现动作过程,表达动作形象,对掌握技术动作具有十分积极的作用。

在运用默念与自我暗示的方法时,要注意以下几点:

(1)保证学生默念或自我暗示内容的正确性,不断强调此种方法的重要性。

(2)默念与自我暗示需要与具体练习相结合,保证良好的效果。

(3)默念与自我暗示需要贯彻从易到难的原则,从简单动作过渡到较难的完整动作。

(二)体育教学语言的特点

体育教学语言具有显著的科学性与艺术性。

(1)科学性体现在语言的准确性、精炼性上。准确性指准确地使用相关概念、术语,做出科学的、符合逻辑的判断。例如,使用"距离"一词而不用"远度"这一表述,注意"队形"与"队列"之间的差异等。精练指语言恰到好处,一点不啰嗦。特别是在讲解技术要领时,可用口诀对其进行精简与归纳。

(2)艺术性体现在语言的生动形象、极具趣味性上。尤其是面对中小学生,教师需要注重语言的艺术性,把教材内容形象化,善于运用比喻等方式,吸引学生的注意,便于学生理解。

二、示范法

示范法在体育教学中必不可少,有着十分重要的作用。示范法指教师通过演绎与展示具体的动作,帮助学生掌握动作要领、技术结构的一种方法。体育教学的直观性很强,示范法主要是为了加深学生对动作的印象,形成正确的动作概念,了解动作的具体程序、结构,明确动作的时空关系,最终掌握理论知识与动作技能。

体育教师运用示范法时,需要注意以下几点:

（1）示范具有明确的目的性。每次示范前需要预先考虑好待完成的任务,根据教学任务和要求选择示范方法、示范程序,否则,盲目地开展示范教学会极大地分散学生的注意力。

（2）保证示范动作的正确性。示范的动作要尽可能做到准确、优美,体育教师可以充分利用语言、幻灯片、模型、电影等进行示范,帮助学生建立清晰的运动表象、动作概念。例如,针对 7 ~ 12 岁小学生上课情绪不稳定,注意力不集中,练习的积极性和自觉性不容易持久的特点,教师在讲解示范动作足球中的脚内侧踢定位球时,分别画出球和脚的接触部位,支撑脚的站位,以及几幅脚内侧踢定位球的完整动作图解,把动作示范与讲解图解结合起来,可以提高学生的注意力,加深学生对动作的印象,形成条件反射,有利于学习动作。[①]

三、完整法

完整法指对动作开始直到结束的整个过程进行完整教学的方法。此方法的优点十分显著,不会破坏技术动作的整体结构,不会影响动作内部各个环节的联系。缺点在于学生较难通过此种方法掌握结构复杂的技术动作。因此,完整教学法适用于建立和掌握基础的动作概念,学习较为简单的技术动作。

体育教师运用完整法时,需要注意以下几点:

（1）广泛应用于较为简单、容易掌握的技术动作教学之中。

（2）对于难度较大的技术动作,在教学过程中需要注意突出重点,首先把握基础环节的教学,再讲解具体的细节动作,整合其他环节。

[①]　陈琦,苏肖晴,关文明.体育教学原理与方法 [M].北京：长征出版社,2000.

（3）简化动作要求，先保证学生清楚具体的动作标准，再逐渐提高技术要求。

四、分解法

分解法指将一个完整的动作合理分成几个小部分，按照顺序依次进行练习，直到掌握完整的动作的方法。分解法通过逐步完成局部任务，为掌握整套完整动作服务。此方法的优点是能够有效缩短教学时间，简化教学过程，较为细致地纠正学生练习过程中出现的错误动作，掌握动作的重难点。此方法的缺点是破坏了整个动作的内在结构和各动作之间的衔接，影响动作技能的形成。

体育教师运用分解法时，需要注意以下几点：

（1）在进行动作划分时，注意各动作间的联系，避免破坏动作的结构和整个动作的完整性。

（2）避免长时间使用此方法，注重此方法与其他教学方法的有效结合。长时间使用分解教学可能会造成学生出现动作的某个部分完成得很好，但无法将各个环节的动作串联起来的情况。只有将分解—完整充分结合起来，才能产生好的效果。分解法有两种较为常见的形式：①完整—分解—完整。②诱导练习—分解—完整—分解—完整。

第三节　体育教学手段和方法的改革与发展

一、教学手段与方法的历史变革

教学手段与方法具有明显的时代特征、阶段性特征，并与特定时代背景下的教育主张有着密切的联系。

我国古代社会，社会生产力低下，知识内容死板、缺乏创新，言传与身教成为最具统治力的教学手段与方法。教学方式以教师向学生传授知识为主，学生在与教师的共同生活中，通过简单的模仿、机械的记忆，学习有关知识，培养自身德行。"传道、授业、解惑"无疑成为教师的天职。因为几乎所有教师都采用讲授法的教学手段，所以课堂教学的效果与教学方法的使用无关，与教师的学识水平密切相关。教师讲得好，讲得透彻,学生才能学得好。教学逐渐沦为"满堂灌",一个教师往往同时向几百名学生授课,看似节省了时间和精力,提高了教学的效率,实则难以保证教学质量。

21世纪,人们步入了知识经济时代,人类文明高度发展,教育逐渐降低了对普遍性规律的探索,更加注重发展与挖掘个体的内在能动性,注重知识创新。于是,人类社会出现了由知识取向的教学理解(侧重于知识性的积累)、能力取向的教学理解(侧重于知识的掌握与运用)向解放取向的教学理解(以发展人的完整性为核心)的转变,追求个体个性的解放。

从此,充分挖掘人的潜力、创造力,促进人的全面发展成为现今与未来教育事业的首要任务。新的以人为本的教育观逐渐建立,世界各国纷纷进行教育改革,以实现教育的个性化。传统的教育观念被颠覆,传统的"填鸭式"教学方法也难以锻炼学生的发散性思维,提高学生的创造性,难以满足现代社会对人才培养的需求。对此,有人提出:"未来的文盲是没有学会学习的人。"可见,转变教育观念,改革教学方法成为当务之急。

二、我国近现代体育教学手段与方法的演变

(一)引进国外先进教学方法,缺少本土化研究

近代以来,我国体育教学手段与方法一直从国外引进,向国外学习,缺少本土化研究。

早在清末"新政"时期,我国清政府被日本强大的军事力量、优越的教育制度所震慑,逐渐意识到自身在军事、教育领域的落后,开始向日本学习,引进日本先进的教育模式、教育手段与方法。在军事训练中,我国大胆引进了日本流行的兵式体操训练、以注入式为主的教学方法和三段式教授法,并在我国大部分地区大范围地使用。

民国初期,我国的教育制度受到日本军国民主义思潮的影响,在体育教学手段与方法上显得越发单调、无趣、刻板,极大地阻碍了学生的身心健康发展。随后,在以蒋介石为首的国民党政府的统治下,我国政府与美国政府之间关系融洽,因此,我国教育受美国实用主义教育学说的影响较大,并且引进了"分组教学法""设计模仿法"等一系列先进

的体育教学方法。

新中国成立后,我国与苏联采用了相同的制度——社会主义制度,与西方资本主义制度划分了界限。但我国仍处于社会主义初级阶段这一历史时期,生产力水平较低,教育落后。于是,我国借鉴了许多国外的教学理念,引进了苏联的许多体育教学方法,例如,动作示范法、完整练习法、纠正错误动作法等,以弥补我国教育方法上的不足。待我国进入改革开放时期,政治、经济、教育得到快速发展,由于思想得到解放,我国引进了大量西方教育理念、体育教学方法。直到我国进入到体育课程改革这一新的历史阶段,我国教育依旧深受西方教育学、心理学的影响。

综上所述,从近代以来至体育新课程标准的颁布可以看出,我国近现代体育教学方法在演变过程中一直受到国外教育的影响,在体育教学方法上也一直不断地向国外学习引进,真正属于我国特有的体育教学方法体系少之又少。[①]

(二)适应社会发展与教学目标的变化

随着社会的不断进步,体育教学的目的也在不断发生变化,不断向前发展。体育教学手段与方法的演变经历了"以社会为本"向"以学科为本"再向"以人为本"方向的转变。

从清朝末年直到国民党政府统治时期的结束,我国采取的体育教学手段与方法均表现出了显著的时代特征,体育课程的本质属性、体育教学方法的价值取向都需要与社会的发展需要相适应。甲午战争最终以清政府的彻底失败告终,清政府受到国民的谴责,其统治地位岌岌可危。清政府采取一系列举措巩固政权,不断学习日本优越的教育制度,引进日本以兵式体操为主的体育教学内容,教学方法以军事训练为主。在这一历史时期,体育教学方法呈现出显著的"以社会为本"的倾向。在北洋军阀统治时期,体育教学模式与清末时期无异,政府对学生开展了大量的军事训练活动,体育教学手段与方法以训练式、注入式为主。此阶段体育教学手段与方法也顺应了社会的发展,具有"以社会为本"的倾向。在国民党统治时期,我国的体育教学手段与方法开始关注学生本身的身心发展,"以学生为本"的倾向性开始显现。总而言之,从清朝

① 徐永亮.我国近现代体育教学方法演变研究[D].聊城大学,2018.

末年直到国民政府统治时期的结束,社会的政治动荡、文化动荡、经济动荡在很大程度上影响了教育的走向,决定了我国体育教学手段与方法的发展方向,在这一阶段,主要"以社会为本"。

新中国成立初期,我国处于社会主义初级阶段,引用了苏联的体育教学方法体系,强调锻炼学生的身体,掌握体育基础知识、基本技术、基本技能。此时,重点在于掌握学科知识体系本身的内容、特点,体育教学手段与方法体现了"以学科为本"的倾向。在改革开放新时期,我国大力提倡素质教育,"学生为本"的教育理念占据了重要地位。在体育教学手段与方法的选择中,开始强调学生的主体性,强调运用"以学生为本"的手段与方法开展体育教学活动。

进入21世纪,我国开始实行课程改革,在改革标准中明确提出教师应该时刻关注学生的状态,课程设置、体育教学手段与方法的选择要做到以学生发展为中心,符合学生的身心发育特点,促进学生健康成长。在这一时期,体育教学手段与方法基本上是"以学生为本"。

总的来说,在不同历史时期,体育教学手段与方法表现出不同的倾向性,始终与社会变化、教学目的的变化保持一致。

（三）体育教学手段与方法的发展节点

体育教学手段与方法在演变过程中,表现出不同的发展节点,这些节点有着非常重要的作用。

清朝末年,西方传教士将"体育"一词引入我国,我国的教会学校设置了大量的体育课程,促进了体育课程的近代化。1904年1月,清政府颁布了《奏定学堂章程》,对体育教学手段与方法的选择做出了规定。但此时尚未提出体育教学手段与方法的概念,因而,仅仅关注教学内容的建设,即一堂课课程内容的安排,先上什么再上什么会有更好的教学效果。北洋军阀时期,三段式教授法将一堂课分为初段、中段、后段,同样只关注体育教学内容的建设与设计。因此,从清末到北洋军阀时期是一个重要的时间节点,体育教学手段与方法在这个时间节点里注重对体育课程内容的建设。

从新中国成立到改革开放的新历史时期,我国体育的教学模式、教学手段与方法基本上沿用苏联模式、苏联理念、苏联方法。苏联体育教学手段与方法注重向学生传授知识、技术,但在手段与方法的使用上较为单一。因此在此历史时期,我国体育教学大纲规定了体育教师应向学生传授体操、游戏、竞技运动的知识、技能,提升学生的身体素质。因此,从新中国成立到改革开放前夕是体育教学手段与方法发展的第二个重要时间节点,体育教学注重传授运动技术。

改革开放至今,学校作为人才培养的基地,着力培养全面发展的高素质人才,以满足国家教育改革的需要。顺应学校体育的改革与发展,体育教学手段与方法也开始进行改革创新,极大促进了专家学者对体育教学手段与方法的理论实践研究。各专家学者、一线体育教师将多种体育教学手段与方法加以融合,摆脱了单一教学方法的弊端,创造了诸多新的方法。例如,将观察法、模仿法、练习法加以组合,形成发现式教学法;将讲解法、示范法、演示法加以组合,形成程序教学法;将讨论法、演示法、引导法加以组合,形成问题教学法等。多种体育教学手段与方法的设计与重组,使其进入了体育教学手段与方法发展的第三个时间节点,进入了教学方略层次的研究。

总而言之,上述提到的三个时间节点是体育教学手段与方法发展、变化的关键点。高校和教师深刻认识与把握这些关键点,有利于进行体育教学改革,有利于掌握体育教学的变化规律。

三、体育教学手段与方法改革的趋势

我国体育教学手段与方法改革的趋势将集中体现在教学指导思想、教学结构特征、教学方法运用三个方面。

(一)由教会知识转向教会学习

《教育——财富蕴藏其中》一书曾提出,现代教学应围绕"学会认知、学会做事、学会生活、学会发展"进行展开。学习不仅仅是为了获得系统化的知识,而且是为了提高认知水平。在这一背景下,体育教学的指导思想将从教会知识转向教会学习,"学会学习"无疑成为当代体育教学的核心理念与教学的指导思想。

(二)由以教为主转向以学为主

"以学生学会学习为中心"已成为当代体育教学理念的凝结,这要

求教学手段与方法由以教师的教为主转向以学生的学为主。体育教师在选择教学内容时,应该充分尊重学生对体育课程学习的个性化需求,尽量为学生提供多种选择。在教学组织上,创设良好的学习情境,尊重学生的个体差异与现实条件,鼓励学生根据自身运动能力,结合兴趣爱好,选择学习层次。在学生的考核与评价上,做到不仅重视考试成绩,而且关注学生学习能力的动态变化,关注学生的进步。不仅考察学生对运动技能的掌握,而且关注学生对体育学习的态度和体会。

(三)由统一教学转向多元教学

不同学生体育学习的方式不同,因此,教学手段与方法的设计与选用应该逐渐走向多元化。体育教师应该给予学生更多的学习机会,把握住学生的特点,扬长避短、因材施教,充分发挥学生的主体性,重视集体教学与差异教学的结合,构建起学习内容分层、作业分层、评价分层的多元化教学方式,满足不同学生的不同需求。优秀体育生能够展现体育天赋,释放运动才能;中等生能够发展兴趣爱好,养成良好的运动习惯;运动差生能够唤醒运动热情,不丧失对体育运动的信心。帮助全体学生实现终身体育的目标。

第四节 现代信息化教学技术在体育教学中的使用

如今,信息技术快速发展,教育界日益呈现出以现代信息化教学技术的广泛应用为特征的发展趋势,即教育信息化趋势。我国各所学校纷纷在体育教学中使用现代信息化教学技术,取得了一些不错的成绩和效果,但离教育现代化、信息化还有一段距离,我们仍需要进行不断地探索与实践,抓住信息革命的机遇,解决好现代信息化教学技术在使用过程中面临的问题,使我国体育教学步入世界先进体育教学行列。

一、现代信息化技术在体育教学中的使用现状

目前,我国多所高校实现了多媒体教学,体育教师在校内开展教学与研究工作,已经离不开计算机网络等现代化工具。电子板书、多媒体

技术在体育教学中被广泛使用,体育网络远程教学开始起步,现代信息化技术在体育教学中的使用呈现出良好的发展趋势。

（一）电子板书在体育理论教学中的使用

现代社会中,人们需要一种基本的生存能力——信息能力。于是在学校教学过程中,增加了与信息检索、分析、处理有关的教学内容,信息能力的培养日渐成为现代教育的目标。新型体育教学构建全新的教学模式,在体育理论教学中广泛应用以计算机为核心的现代信息技术。电子板书逐渐取代了教师用粉笔书写板书的传统形式,解决了教师"吃粉笔灰"的困境,与此同时,提升了理论教学的效率,减轻了教师的负担,让学生在有限的时间内尽可能多地学习新知识。目前,电子板书主要以PPT 的形式呈现。

（二）多媒体技术在体育教学中的使用

许多高校通过使用信息技术,建设出了各种形式的体育教学环境。其中,最为常见的有多媒体教室、电子阅览室、校园网、远程学习系统等,受到广大学生的欢迎。在体育课堂教学实践中,体育教师通过将多种多媒体技术、虚拟技术相结合,创造出趋于现实的、生动形象的学习情境,成功地打破了学习与现实生活之间的界限,使两者相融合,激发学生的思维,增强学生的探索精神。然而,各所高校受到硬件、软件等各种客观条件的限制,对多媒体技术的应用程度略有差异。体育教师只有具备基本的信息素养和技术能力才有可能制作出优秀的多媒体课件,在体育教学中熟练运用多媒体技术,取得好的教学效果。目前,国内外推出了多款软件,可供教师根据实际的教学需要灵活使用。Authorware可用于课件制作;Powerpoint 可用于教学演示;Flash 可用于动画制作;Frontpage、Dreamweaver 两款软件可用于网页制作等。

（三）体育网络远程教学的起步

远程教育(Distance Education)的起步标志着教育技术的大变革,也标志着传统学院式教学模式的大变革。互联网从 20 世纪 90 年代初开始迅速发展,构建现代网络远程教育体系成为可能。在未来的教育领域,可能建设出一个全球化的网络教育体系。

体育教育既有体育属性,又有教育属性,体育教育实现现代远程教学迫在眉睫。目前,我国有 30 多万名体育教师,约 2.5 万多名各级教练,专家运动员约 1.4 万多人,体育科技工作者 1 万余名,体育干部约 15 万名,随着社会的变革和发展,他们需要知识更新,还有更多的人需要得到体育健身的指导却找不到相应的渠道。现存的远程教育体系大多采用传统的函授教育形式,已经无法适应社会发展的需要,无法满足广大体育工作者与爱好者接受教育的实际需求,借助网络教育的形式来发展体育已经成为必然趋势。市面上许多有远见的机构、专家已经率先开始了探索,部分研究人员制作出了针对不同体育运动项目(如田径、健身操等)的教学课件,并上传于网络,开始实施现代体育远程教育的实践。这标志着体育网络远程教学在我国开始起步,现代体育远程教育管理系统开始逐步建立起来。此系统集远程教学系统、课程学习系统、信息查询系统、考试系统、数据统计与分析系统、体质监测系统、运动技能评价系统等各子系统为一体,形成体育教学资源库,实现体育网络教学资源的有效分类与管理,为体育教学的各个环节提供信息支持。

在新时代,现代信息技术无疑占据了非常重要的地位,发挥着不可忽视的作用。现代信息技术以多媒体、网络化、智能化为典型特征,对传统体育教学产生了极大的冲击,"计算机辅助"这一观念已经远不能正确反映信息技术在体育教学中的地位与作用。体育教育模式与方式发生着翻天覆地的变化,已从封闭式的校园迈向开放式的网络化环境,从学校教育迈向终身体育教育。随着新信息技术的不断涌现、信息技术在体育教学中的不断使用,体育网络远程教学模式有着广阔的发展前景。各高校应该与社会各界力量联手,着力构建高质量的体育远程网络教学平台。

二、现代信息化技术在体育教学的使用中面临的问题与解决对策

(一)认识模糊问题与对策

相关调查研究发现,许多体育教育工作者面临诸多与信息技术有关的概念时,会出现认识模糊、认知偏差等一系列问题。例如,有些体育教师将"信息""消息""信号"等词混淆,不了解信息、知识、智慧之间的

关系。还有一些教师认为现代信息技术仅仅是一种表演艺术,因此,在日常教学中很少使用,只在公开课上使用。甚至有体育教师非常古板,拒绝使用现代化信息技术。将与信息技术有关的各概念理清楚,解决认识模糊的问题,不仅有助于体育教师开展理论教学,而且有助于现代信息技术与体育教学的融合。

解决认识模糊问题,可以从以下几方面入手:

(1)转变体育教师的观念,帮助体育教师尽快树立起现代信息意识。各校、各学院领导首先需要加强自身对信息技术有关概念、具体内涵的理解,高度重视教师现代化观念的培养工作,对信息技术教学的重要性、紧迫性、战略性有着较为深刻的认识。从领导到每一名师生,统一全校人的思想观念,促使每个人真正意识到信息技术强教的必要性。

(2)加大资金投入,做好硬件、软件建设工作。现代化教学技术的广泛应用需要信息化建设作为支撑,需要购买大量的硬件、软件设备。与此同时,一些配置较低、存在故障的设备需要及时更新,一些软件的网络交互功能、视频会议功能等,也需要及时更新。通过高技术、高投入,从物质层面解决认识模糊的问题。

(3)定期对体育教师开展信息技术教学培训,从根本上转变体育教师的思想观念。

(二)技术绝对化问题与对策

随着现代化信息技术的进步,在体育教学中现代技术绝对化问题越来越突出。技术绝对化强调技术的自主性、独立性,认为技术无所不能,能够主宰整个社会的命运,此观点将技术看作是一种人类无法控制的强大力量。在高校中涌现出不少教育技术专家、具有技术绝对化倾向的体育教师,他们过分强调现代信息技术对教育的影响,甚至认为体育教师可以被信息技术取代。此种观念过于片面与偏激。诚然,现代信息技术有许多显著优势,例如,丰富多彩的人机交互方式能够激发学生的兴趣,开阔学生的视野。但是教室、运动场所不可能消失,面对面教学过程中的情感交流永远不可能被一台冷冰冰的机器所取代,运动技能不可能仅仅通过操作电脑获得。若体育教学过分依赖于网络,忽视其他的教育形式,忽视现行的教育体制,网络就有可能对体育教学带来较为严重的负面影响。

解决技术绝对化问题,可以从以下几方面入手:

(1)明确高校体育教学的主要任务。强调信息技术与体育教学之间的关系,信息技术应该服务于体育教学,切不可本末倒置,将信息技术凌驾于体育教学之上。

(2)强调教学的实用性,关注体育教学的实际效果。体育教学重在帮助学生掌握运动技能,而技能的形成需要长期的"身体实践",单凭信息技术,学生是不可能真正掌握运动技巧的。

(3)不断进行实践探索,根据实际情况调整与改进现代信息化教学技术在高校体育教学中的使用情况。

(三)技术异化问题与对策

技术的出现的确会给人类社会带来巨大的影响,让人们梦想成真,但是技术的异化可能会引发生存危机,造成精神文明的衰退。"异化"一词具有转让、疏远的意思,一般指主体在活动中产生出了一种客体物质,而客体物质反而成为一种强大的外在力量,支配着主体的活动。技术异化指人类在利用技术改造自然的过程中,技术不受人类主体的操控,反过来控制人、奴役人。在体育教学中,现代化信息技术的使用大大节省了社会的基本资源,例如,人力资源、物质资源,但是信息技术是一把双刃剑,信息技术的异化与其在高校体育教学中的使用相伴而生。技术异化主要表现在以下几方面:

(1)出现大量毫无目的的高校网虫。个体卷入爆炸式增长的信息潮流中,相对无用的体育信息充斥在网络环境中,教师和学生使用电脑的时间越来越长,花费过多时间浏览无用的信息,浪费时间、精力。学生患心理问题的风险加大。

(2)信息污染、信息犯罪对信息技术教学产生极大的负面影响。

(3)信息安全问题突出。在高校体育教学中,信息资源较少,信息安全得不到保障,体育信息资源的开发受到了阻碍,优质的体育教学信息资源供应不足,研究者和企业缺乏积极性,现代化信息技术难以在体育教学中得到普及。

面对技术异化问题,我们需要采取一系列积极有效的措施,建立信息技术应用伦理学,从伦理道德上规范高校师生对现代信息教学技术的使用,让广大师生承担相应的义务与责任。

（四）信息分化问题与对策

"信息分化"具有两层含义:一是表示社会中现存的信息差距;二是表示信息差距的动态扩大。在现代信息技术不断向前发展的进程中,不同信息活动主体(主要指人类)在使用信息方面存在巨大差异,这种差异会不断扩大,最终导致社会分化。

现代信息化技术在高校体育教学实践中也存在着信息分化的现象,一方面拥有先进设备、先进教学条件的大学(如北京体育大学等)广泛开发信息资源,成为信息富有者,开设体育信息技术专业,培养体育信息技术人才;另一方面客观教学条件较差的学校成为信息匮乏者,信息技术应用极不充分。信息技术占有与利用程度的差异导致产生了剧烈的分化。信息技术的差异不仅表现在技术占有情况的差异上,还表现在技术应用能力的差异上。

解决信息分化问题,可以从以下几方面入手:

（1）强化基础信息教育。从中小学开始,提高学生的信息意识,打好信息教育的基础。

（2）加快信息化基础设施建设,配备软件、硬件设施,为信息技术的应用提供物质基础。

（3）重视贫富差距,实施信息技术扶贫策略。充分考虑地区间差异,校校差异、同校内的院院差异等。

（4）学习国外的先进技术,尤其关注体育信息技术教学发达国家的先进经验。现代信息化教学技术在高校体育教学中的全面普及需要一个过程,相信在不久的将来,现代信息化教学技术必将被广泛使用。

第六章　现代信息技术下高校体育教学设计的改革与发展

随着计算机的普及与信息技术在学校教育中的广泛应用,信息化教学设计受到体育教师密切的关注。在高校体育教学中,顺应信息化发展趋势,利用现代信息技术而进行体育教学的现代化设计与最优化设计,有助于提升体育教学设计的效率和先进性,进而提高体育教学水平和质量。丰富而先进的现代信息技术为高校体育教学设计的改革与创新提供了重要的"武器",有效推动了高校体育教学设计的发展。本章重点对现代信息技术背景下高校体育教学设计的改革与发展进行研究,首先阐述体育教学设计的基础理论;其次分析体育教学设计的内容;再次探讨信息技术下体育教学设计的改革与发展策略;最后对信息化教学设计方法在体育教学设计中的运用展开研究。

第一节　体育教学设计概述

一、体育教学设计的概念

我国学者从不同视角研究体育教学设计,对体育教学设计的概念从不同视角进行界定,下面仅阐述几个具有代表性的观点。

毛振明认为,体育教学设计是从教学目标、教学条件出发而研究学年教学、学期教学、单元教学、学时教学等不同教学周期的教学计划工作。从这个概念中,我们可以看到教学设计在体育教学中的应用范围。

南勇认为,本质上来说,体育教学设计就是从体育教学的特点出发,从系统论的角度来综合教学准备阶段和教学过程实施阶段的各项教学工作。

朱伟强认为,体育教学设计也就是体育教学系统设计,是以解决体育教学系统中各种教学问题为主要任务的设计活动,它有一般设计活动的共同性,也有反映体育教学特征和规律的特殊性。

焦敬伟认为,体育教学设计就是为体育教学活动绘制蓝图,教学方向、教学进程都在教学设计中被明确下来,师生依据蓝图而开展具体的教学活动。教学设计方案对各个教学环节和步骤具有控制和约束作用。

综合上述不同学者对体育教学设计概念的不同界定,可以将体育教学设计理解为一项系统的研究和计划工作。这里将体育教学设计定义为,以获取最佳体育教学效果为目的,以学习理论、教学理论、传播学和体育教学原理为理论基础,通过一套具体的操作程序来协调、配置体育教学过程中的各种要素(如体育教师、学生及教学内容、教学条件、教学目标、教学媒体、教学组织形式)以优化体育教学过程的一种设计活动。①

二、体育教学设计的原则

(一)目标导向原则

体育教师必须紧紧围绕体育教学目标而进行教学设计和计划,不管设计哪个教学环境,教学目标都是重要参考依据和基本导向。依据体育教学目标而设计的体育教学方案与目标高度一致,方案中各种教学行为都最终指向预期教学目标。

体育课程目标决定了体育教学目标,体育学段教学目标、学年教学目标、学期教学目标、单元教学目标以及课时教学目标构成了体育教学目标的完整结构和整齐序列,突出了体育教学目标的系统性和层次性。任何层次教学目标的制定都要参考课程目标。在体育教学设计的初始阶段,要对系统的体育课程目标体系进行认真分析与解读,将体育教学的宏观目标和微观目标理清,探索科学的教学方法来实现课程目标。而对体育课程目标和教学目标的确立又需要深入调查与全面了解教学现状和问题,对教学问题的性质、影响有正确的认识,同时还要对学习者具体情况进行分析,结合教学现状和学生实际来确定体育教学的具体目标。教学设计方案中呈现的教学程序、教学方法和策略要以解决教学问

---

① 张振华.体育教学策略与设计 [M].北京:北京师范大学出版社,2012.

题、实现教学目标为主。

(二)可操作性原则

体育教师设计的体育教学实施方案应该是可操作性很强的,是便捷而实用、高效而低耗的。

体育教学设计有多种形式,但不管花样再多,都要强调实行过程中的可操作性和最终的实效性。体育教师要从现有教学环境、教学条件以及学生实际水平出发而进行体育教学设计,只有密切联系实际的教学方案才是真实的方案,才是可以改变现状和实现目标的好方案。如果体育教学设计得过于理想化,与学生的实际和学校的实际不符,那么就很难实现预期的教学目标,而且还会影响教学的顺利进行。

体育教学设计方案不仅要有很强的执行性,要对实现教学目标和提升教学效果有利,还应考虑该方案实施过程中所消耗的各种资源,要尽可能达到低耗、高效的标准,如果是高消耗、低效果的,那么这样的教学方案就不具备很强的可操作性,需要加以修正。

(三)整体优化原则

在体育教学设计中要优化设计体育教学系统的各个因素,将系统内部各因素之间的关系及教学系统与外界环境的关系处理好,科学整合各个因素,将体育教学系统的整体功能最大程度地发挥出来,从而通过最优教学过程的实施而取得最佳教学效果。

体育教学系统是一个由多个教学因素构成的有机整体,各个教学要素都是构成教学系统的子系统。要使教学系统作为整体的功能得到最大程度的发挥,就要确保各个子系统达到最优化,然后整合起来达到整体的最优化。体育教师要立足最优化教学目标而将各个教学因素、环节纳入教学系统的整体优化设计中,以便协同各要素的功能和作用,使体育教学系统这个有机整体的功能达到最大化。

体育教学设计方案的优劣受到体育教学系统中各个子系统的影响,体育教师要全面分析不同教学因素对教学设计的影响,包括积极影响和消极影响,从而将教学因素与教学设计的关系处理好,发挥各要素的积极作用,整合各个因素,实现优势互补,取长补短,从而使教学设计方案达到最优。要提升体育教学系统的整体功能,使系统内各要素协同配合,共同发挥作用,就要善于对各种关系进行处理,包括体育教学内容和教学方法之间的关系,体育理论知识与运动技能之间的关系,体育教学不同维度和不同层次目标的关系,不同教学思想之间的关系以及课内与课外、校内与校外体育活动之间的关系,等等。

（四）灵活性与实效性相结合原则

机智灵活是体育教师应该具备的基本素质之一,这从教学设计尤其是教学方法的设计和选用中充分体现出来。体育教师从生活中萌发灵感,贴近生活而设计与选用体育教学方法,通过生活化的丰富有趣的教学方法而吸引学生的注意力,使学生将学习与生活结合起来,在真实的生活情境中学习知识和掌握技能,并将学习成果运用到现实生活的相关场景中。体育教学方法的设计不仅要有趣,还要有效,通过实施教学方法能够取得实际效果,具体表现为要能够使学生有积极的变化与良好的发展。

（五）趣味性和针对性相结合原则

在体育教学设计中,对体育教学方法、教学组织形式的设计要强调趣味性,要营造生动活泼、灵活有趣的教学氛围,使学生在活跃的教学气氛中以饱满的情绪和高度的热情学习知识和掌握技能,并保持持久的学习兴趣,提高学习效率,取得良好的学习成果。

鉴于不同学生的认知能力、接受能力、学习基础等各方面条件的不同,在教学设计中要体现出教学的针对性和层次性,将集体教学和个性化教学结合起来,使不同水平与层次的学生各得其所,学有所获。

三、体育教学设计的步骤

这里主要分析体育课的教学设计步骤。一节完整的体育课的教学设计包括下列三个阶段。

（一）分析阶段

分析阶段是体育课教学设计的基础阶段,在这个阶段要分析学习需要、教学内容,还要分析学习者。要将分析的对象、过程和结果编写成一份"设计说明",其中包含的主要内容有本节课教学思想、教学内容、教学重难点、教学过程、教学策略等各要素的分析情况。

另外,为了使"设计说明"更充实与丰富一些,体育教师在编写中还可以加入其他内容,如教学场地设施布置、教学安全防护措施等。

（二）设计阶段

设计阶段是体育课教学设计的核心阶段,在这个阶段要完成对体育教学目标、教学策略以及教学过程的设计。教学目标、教学策略、教学过程是教案的主要内容,设计完成后便可以编写教案。事实上,设计这些内容与编写教案是很难完全分开的工作,很多时候需要同时操作来完成。在教学策略和教学过程的设计中,包含很多具体的设计内容,如教学组织形式、教学方法、教学手段、教学步骤、练习强度等。

设计阶段的设计内容与实施程序如图 6-1 和图 6-2 所示。从程序上来看,先设计教学目标和教学内容;从体育课的结构来看,基本部分的设计是重点环节。

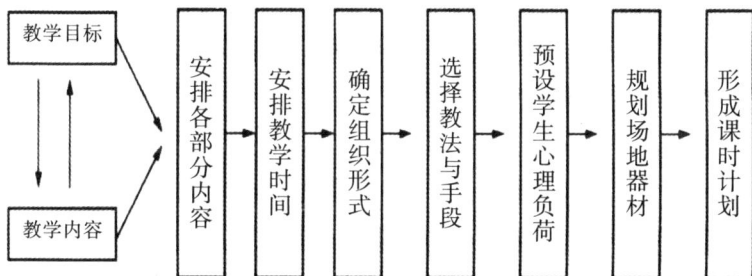

图 6-1　体育课教学设计程序

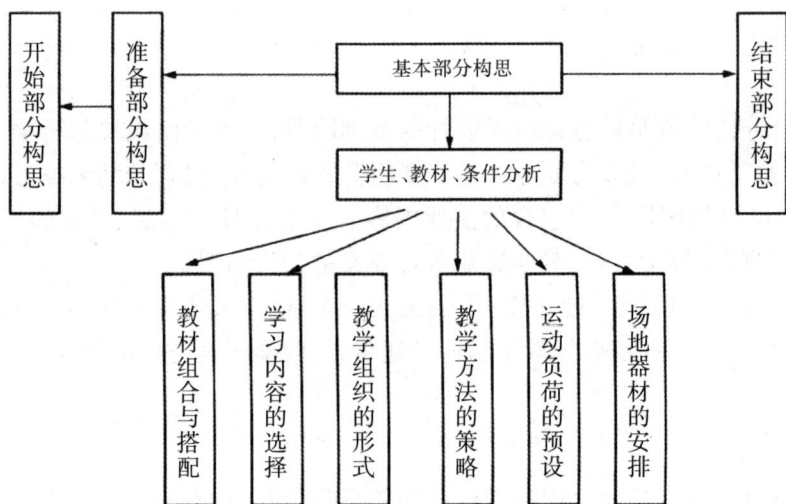

图 6-2　体育课教学设计的结构与主要内容 [①]

（三）评价阶段

体育教学设计评价是体育教学设计的最后一个阶段，这发生在设计好的教学方案得到实施之后，可以在实施过程中进行评价，也可以在完全结束后进行评价。通过评价教学效果来判断设计的教学方案是否科学、合理，是否是最优方案和高质量方案。体育教师往往要自己检查和评价自己设计的教学方案，这是提高教学质量的重要保障。

对体育教学设计的评价主要涉及以下几个方面：

（1）设计理念是否与素质教育的要求高度相符。

（2）是否在对体育教学规律和原则加以遵循的基础上进行的设计。

（3）体育课的结构安排是否合理，包括各个部分的内容安排、时间分配、运动负荷安排、教学方法选用等。

（4）教学重难点是否明确，文字表达是否准确、清晰、简练、恰当。

（5）教学设计的可操作性是否较高。

（6）教学设计是否在原来的基础上有所创新。

在完成对上述内容的评价后，可以根据评价结果和教学反馈来完善方案，最终呈现出一份最优化的教学设计方案。

---

① 舒盛芳，高学民．体育教学设计［M］.上海：复旦大学出版社，2013.

第二节　体育教学设计的内容分析

一、体育教学目标的设计

（一）体育教学目标设计要求

在体育教学设计中，首先要设计体育教学目标，确保目标的科学性与合理性，这是保证体育教学活动顺利开展的基础与前提。体育教学目标的设计要满足如下要求。

1. 表述确切

使用便于直接观察的行为动词来表述体育教学目标，明确表述预期学习结果的外显行为变化。这样才能根据体育教学目标直接指导、调控体育教学活动。

2. 难度适中

难度适中指的是体育教学目标要处于学生的"最近发展区"，也就是学生经过努力可以达到的程度，这样才能发挥体育教学目标的激励功能，调动学生的学习自觉性与积极性。

3. 细化分解

要在体育教学实践中落实体育教学目标，就要对其进行细致分解，使其成为可操作的具体目标。细致分解教学目标也有利于把体育教学目标转化为行为目标或包含体验性、表现性目标的具体行为动作。体育行为目标和体验性或表现性目标是衡量体育学习目标达成程度的具体指标，因此，体育教学目标的细化分解直接关系到体育教学效果的优化和教学质量的提高。

（二）体育教学目标设计步骤

体育教学目标的设计步骤如下。

1. 分析教学对象

分析体育教学对象即分析体育学习者的学习需要、一般特点、起始能力和学习风格等。通过分析体育学习需要,及时发现问题和解决问题,确定学习者现状和目标之间的差距,这是我们确定体育教学目标的基础和依据。体育学习者的一般特点、学习风格和掌握体育知识技能的实际水平等也影响着体育教学目标的实现,因此也要予以考虑。

2. 分析教材内容

在体育教学目标的设计中,要深入分析体育教材内容的特点、功能,明确学习者应掌握哪些体育知识、技能,培养什么样的心理素质和社会适应能力,清楚应在哪些方面加强学生的道德人格教育、应增强学生哪些体育活动能力。

分析体育教材内容的目的是确定体育教材内容的特点、功能、范围和深度,以及选择体育教材内容的依据等,使体育教材内容更好地为实现体育教学的目标服务。

3. 编写教学目标

一个完整的、明确的体育教学目标应包括教学对象、学生的体育行为、确定行为的条件及行为的程度四个部分。这四个部分适用于认知、动作技能、情感等不同领域体育教学目标的编写。

二、体育教学策略的设计

(一)体育教学策略设计依据

为确保体育教学策略的有效性,设计体育教学策略需要全面考虑以下教学要素。

1. 教学目标

体育教学策略是完成特定体育教学目标的方式,为体育教师制定课堂教学策略提供方向,教学策略应符合体育教学目标的要求。

2. "教"与"学"的理论

将教学理论与学习理论作为理论基础而进行体育教学策略设计,突出科学性。

3. 教学内容

内容决定方式,体育教学策略就是呈现体育教学内容的方式。

4. 教师能力

教师是教学策略的执行者,设计体育教学策略必须考虑体育教师的教学能力。

5. 学生特点

学生是教学策略的执行对象,教学策略围绕学生而予以落实,因此在教学策略设计中要充分考虑学生的特点。

6. 教学条件

教学策略的实施受到学校客观条件的制约,因此制定体育教学策略要充分考虑学校的客观条件。

(二)体育教学策略设计步骤

体育教学策略的设计步骤如下。

1. 确定体育教学顺序

体育教学顺序是指教学过程进行的前后次序,包括体育教学内容呈现顺序、体育教师活动顺序、学生活动顺序。这三方面相互联系、相互配合。其中体育教学内容呈现顺序是主线,其他位于第二位。

2. 设计体育教学组织形式

体育教学组织形式是师生为实现教学目标所采用的各种方式,包括集体教学、分组教学、个别教学和复式教学。科学设计和选用体育教学组织形式,有助于提高教学质量。

3. 选择体育教学方法

合理选择体育教学方法有利于调动学生的学习积极性和主动性,提高体育教学质量,优化教学效果。体育教学方法丰富多样,在选用时应充分考虑具体的教学目标和任务,所选教学方法要有助于完成教学任务和实现教学目标。根据体育教学目标而对体育教学方法的分类结果如图 6-3 所示。了解不同教学目标下的常见教学方法,有助于提高教学方法选用的针对性和实效性。

体育健康知识和运动技术 { 讲解法、谈话法、问答法、讨论法
理论教学方法体系　　　　比较法、归纳法等

体育教学方法体系 {

　　运动技术教学方法体系 {
　　　泛化阶段教学法 { 情景置疑法、启发法、发现法、直观法
　　　　　　　　　　　示范法、多媒体法、模拟法、辅助练习法、
　　　　　　　　　　　暗示法、比较法、分解法、预防错误动作法
　　　提高阶段教学法：纠正错误法、部分完整练习法等
　　　技能巩固阶段教学法 { 重复练习法、变换条件法、完整练
　　　　　　　　　　　　　习法、自练法、过渡练习法、强化
　　　　　　　　　　　　　法、比赛法、循环练习法等

发展学生体能方法体系 { 负重法、持续法、间歇法
　　　　　　　　　　　　游戏法、综合法、比赛法

激励与评价运动参与方法体系 {
　　激励法 {
　　　兴趣激励法：成功教学法、愉快教学法、
　　　　　　　　　需要满足法、教学引趣法等
　　　动机激励法：目标设置法、创新情境法
　　　　　　　　　积极反馈法、归因教育法
　　　　　　　　　价值寻求法等
　　教育法 { 说服法、鼓励法、榜样法
　　　　　　　评比法、表扬法、批评法等
　　评价法 { 积极评价法、鼓励评价法、对比评价法、
　　　　　　　信息反馈法、自我评价法等

发展学生心理方法体系
（包括社会适应能力）{ 个别与集体指导法、个性培养法、自学法、
　　　　　　　　　　　自练法、差别教学法、分组轮换法、合作学
　　　　　　　　　　　习法、分层教学法等

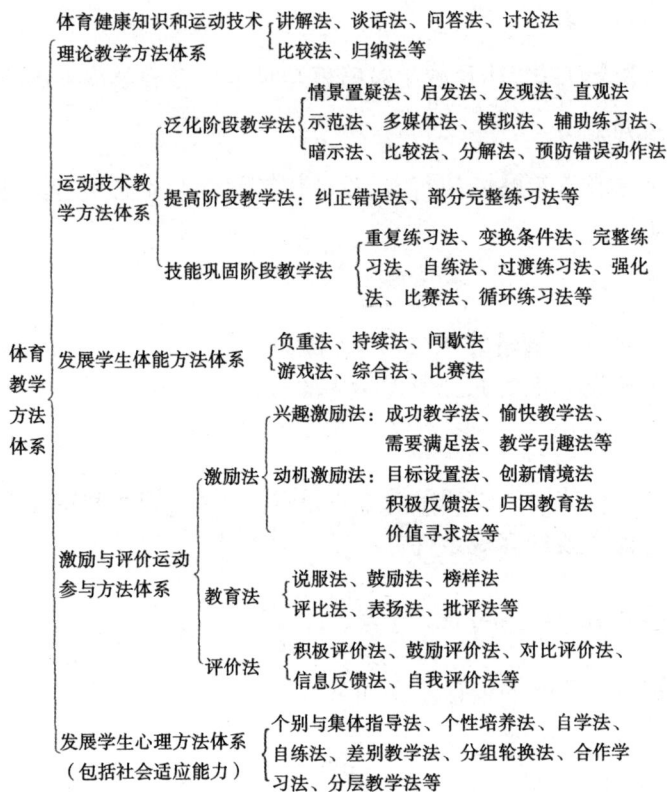

图 6-3　体育教学方法分类 [1]

三、体育教学过程的设计

（一）体育教学过程设计原则

1. 教师主导性原则

教师是教学信息的传递者，在教学中起主导作用，引导学生获取知识、掌握知识，培养学生的学习能力。

2. 学生主体性原则

学生是体育教学的重要主体，在教学过程中培养学生的学习积极

---

① 李启迪，周妍.体育教学方法与手段甄异[J].体育与科学，2012，33（06）：113-117.

性,让学生积极参与教学过程,主动获取知识。

3. 体现教学方法原则

教学方法是体育教师和学生在教学活动中的行为方式,应结合教学方法的特点、适用范围及课程内容和教学目标等情况而合理选择教法。

4. 教学媒体优化原则

在体育教学过程设计中充分发挥教学媒体的作用,使各种媒体各施所长,互为补充,相辅相成。

5. 遵循学生认知规律原则

设计体育教学过程必须遵循学生的认知规律,适应学生的认知水平,循序渐进地提高学生的认知能力。

（二）体育教学过程设计的流程图

体育教学过程的设计应结合具体的课堂教学情况而进行,合理分解体育教学过程有利于优化教学过程。常见的教学流程图主要有示范型、探究发现型和练习型三种。

1. 示范型

示范型教学流程是体育教学过程设计的必要手段和重要途径,如图6-4所示。

2. 探究发现型

探究发现型教学流程在组织学生观察、思考,探究原因,寻找规律等方面具有优势,如图6-5所示。

3. 练习型

在以练习为主的体育教学中,引导学生通过各种感觉器官观察动作,并模仿动作进行反复练习,这种情况下适宜采用练习型教学流程,如图6-6所示。

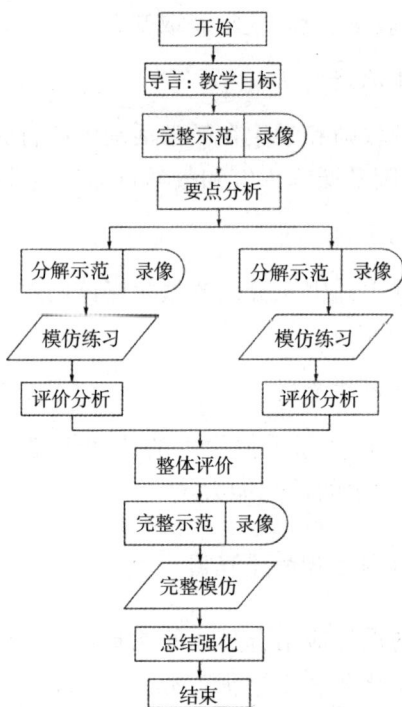

图 6-4　示范型教学流程图 [1]

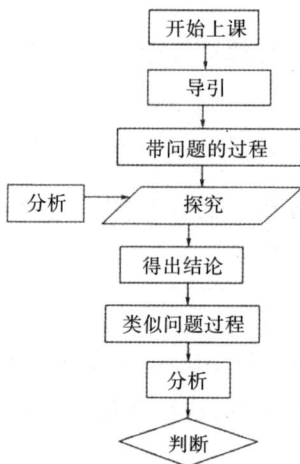

图 6-5　探究发现型教学流程图

---

[1]　杨雪芹，刘定一.体育教学设计 [M].桂林：广西师范大学出版社，2005.

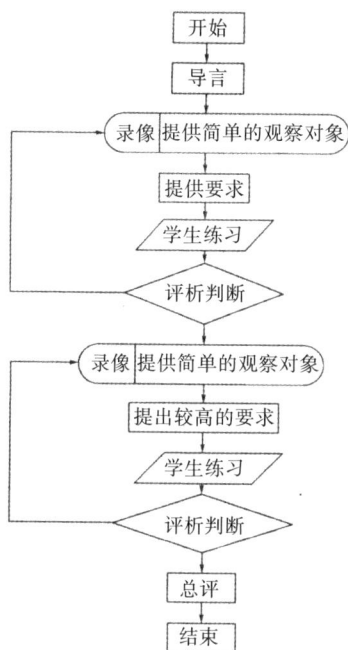

图 6-6　练习型教学流程图

第三节　体育教学设计的改革与发展

一、体育教学目标设计

体育教学的主要目标是使学生掌握必要的体育知识和技能,提升学生的健康水平和运动能力。体育教学目标在现代信息化背景下同样具有重要的现实意义。因此在现代信息技术下进行体育教学目标设计可沿用传统方式,但要注意教学目标的层次性。

二、体育教学内容设计

在体育教学内容设计中运用信息技术手段具有重要意义,具体表现在以下几个方面:

(1)将信息技术的优势充分发挥出来,使用集文字、图片、声音、视频等为一体的信息化工具给学生呈现立体的、生动形象的教学内容。

（2）将信息技术手段利用起来，从数字化视角改革教学内容设计，为教学信息的存储、备份和分享提供便利。

（3）借助信息技术手段设计教学内容，再通过互联网呈现给各个地区的学生，为学生自学和讨论提供平台。

三、体育教学方法设计

体育教学方法本身就丰富多样，利用信息技术而设计教学方法进一步增加了这种多样性，也丰富了教学方法的表现形式，为学生掌握体育知识和技能创造了良好的条件。设计并使用信息化教学方法，利用图片、视频等直观教具展开教学，能够加深学生对动作的印象和记忆，使学生更好地掌握教学内容。

四、体育教学过程设计

在信息化体育教学设计中，利用计算机和互联网技术建立网络教学平台，体育教师在网站上发布教学资源，为学生课后学习提供便利。也可以全程通过网络来实施教学过程，使各个环节的教学动态都反映在网络学习平台中。此外，利用信息技术对虚拟社区进行创建，掌控学生的体质水平和运动能力，为教学反馈和评价提供便利。

五、体育教学评价设计

在信息化教育背景下要打破传统教学评价的弊端，对科学有效的评价模式进行构建。传统体育教学评价重视结果性评价而轻视过程性评价，重视抽象笼统的评价而轻视具体的个性化评价，弊端很多，也影响了评价功能的发挥。对此，要利用信息技术而加强教学评价设计改革，提高教学评价的实效性。具体来说，在教学开始前引导学生制定自己的个人学习目标，然后在教学中和教学后进行阶段性评价和总结性评价，使学生自己对比学习成果和学习目标的差距。此外，要采用信息技术手段而构建体育教学评价指标体系，基于信息技术而加强对教学指标运用的监控，从而减少误差，提高评价的准确性。

第四节　信息化教学设计在体育教学中的利用

一、多媒体组合教学设计在体育教学中的应用

（一）多媒体组合教学设计的理论基础

多媒体组合教学设计是利用文本、图形、动画、声音、视频等多种媒体方式而呈现信息，给学生提供多种外部刺激，引起学生的学习兴趣，实现教学过程的优化。

多媒体组合教学设计模式的产生和发展与美国教育技术专家戴尔提出的著名的"经验之塔"理论关系极为密切，如图6-7所示。

（1）最底层的经验最具体，越往上越抽象，各种教学活动可以依其经验的具体—抽象程度而排成一个序列。

（2）教学活动应从具体经验入手，逐步进入抽象经验。

（3）在教学中使用各种媒体使教学活动更加具体，并为抽象概括创造条件。

（4）"塔"的中间部位（观察经验）比上层的抽象经验更具体、形象，又能突破时空限制，弥补下层经验方式的不足。

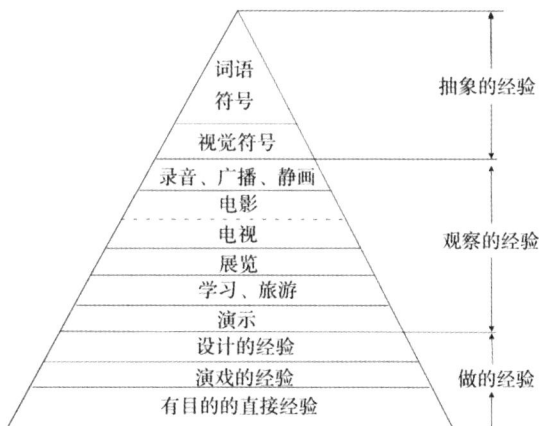

图6-7　"经验之塔"①

---

① 李文高.教学设计的新领域 信息化教学设计 [M].昆明：云南大学出版社，2013.

"经验之塔"理论阐述了经验抽象程度的关系,符合人们认识事物由具体到抽象、由感性到理性、由个别到一般的认识规律;位于"塔"的中部的广播、录音、照片、幻灯、电影电视等介于做的经验与抽象经验之间,既能为学生学习提供感性材料,便于学生理解、记忆,又便于学生通过教师的提示、概括、总结而上升到抽象的概念、定理,最终形成学习规律,是非常有效的学习手段,因此它成为多媒体组合教学的一个重要理论基础。

(二)多媒体组合教学设计的过程

多媒体组合教学设计是围绕一个特定的教学问题而采取多媒体方式加以解决的过程。解决一个教学问题,首先要对问题的起始状态、目标状态有所明确,然后将现有的原理、规则等利用起来实现不同解决方式的优化组合,从而转化问题状态,解决问题,得到最终结果。

多媒体组合教学设计的过程由以下环节组成。

1.教学目标分析

教学大纲要求、教材内容、教学对象等因素的性质决定了教学目标,如通过教学要培养学生什么样的能力素质,通过安排哪些教学内容来培养这些素质,这在教学大纲中有明确规定;新课题的知识结构在教材内容中有准确的描述。在教学设计过程中,首先要对教学大纲进行分析,了解社会环境对教学的要求,从而通过教学来培养出满足社会需求的人才。对教学大纲进行分析主要是为了将教学知识点对应的教学任务明确下来,只有清楚教学任务是什么,才能为各个教学环节的设计与安排提供正确的导向和指引。

对教材的分析主要是对教学内容的知识逻辑进行分析,分析角度有两种,一种是教师角度,一种是人类在这方面的基本认知能力的角度。通过分析,了解学生掌握这一教学内容需要经历什么样的认知过程,需要投入什么样的情感和以什么样的态度去学习,最终能够在知识与技能、认知与态度以及情感与价值观等方面获得什么样的成果,从而构建理想的学习结构。

2.学生特征分析

学生特征分析主要是分析学生的初始状态。学生学习新的知识和技能,总要运用原来已掌握的知识和技能,在新旧知识与技能之间建立联系,如果新的教学内容与学生已有的认知和技能水平完全无关,那么学生不可能掌握新的内容,这样的内容也不会出现在教学中。

通过分析学生的初始状态和学习特征,了解影响学生学习的个人因素,清楚学生要学习新知识和新技能需要先具备什么样的知识和技能水平,把握学生原有知识结构与新知识之间的联系,发现规律,为学生学习新知识提供启发。通过学生特征分析这一环节,了解学生应该具备的理想学习结构,发现原有学习结构的不足及其与理想状态的差距,通过科学有效的教学而消除这个客观存在的差距,帮助学生建构新的知识结构,从而实现预期的教学目标。

3. 制定教学策略

解决教学问题,除了要明确教学目标,了解学生的初始学习状态,还要采取必要的方法、手段来不断缩小直至完全消除学生学习现状与学习目标之间的差距。因此,在体育教学设计中对教学策略的设计极为重要。

在教学策略设计环节,要善于将先进的教学媒体资源运用其中,以教学目标、学生特征的分析结果为依据而对信息化教学模式进行设计与调整,对具体的模式运作流程进行设计与优化,达到教学过程最优化的程度,最终实现教学效果的最优化目标。

4. 教学评价

评价教学设计过程、教学实施效果是体育教学设计中不可缺少的一环,如果没有教学评价,那么教学设计系统就是不完整的。评价是为了对教学设计系统的结构进行调整与优化,使系统内各个结构部分都处于最优化状态,提升系统的整体功能,发挥系统的综合作用。

上述对多媒体组合教学设计的过程进行了系统分析,为了更直观地了解这个过程的运作模式,可以用模式框图来表示这个过程,从而对每个步骤的前后顺序、相互关系等有更清晰的认识,如图6-8所示。

二、学习情境设计在体育教学中的应用

在信息化教学中,围绕学习主题而创设与现实尽可能接近的学习情境,让学习者清楚自己的学习任务,然后带着一定的目的而在真实的学习情境中进行直观而形象的学习,最终完成对学习内容的意义建构。在学习情境的创建中,要充分发挥信息技术的功能,对声音、图形、动画、视频、语言、文字、符号等多个信息载体进行综合处理,完善学习情境中的各种情节、形象,突出色彩、声音,使学生带着学习任务进入相应的情境中进行探索,在自主判断、联想、探索中深入理解问题和有效解决问题。

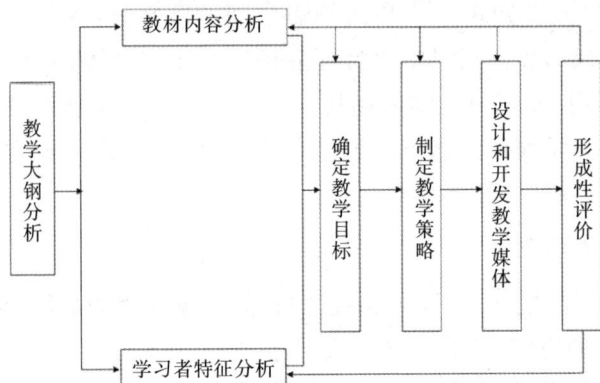

图6-8　多媒体组合教学设计模式[①]

在真实学习情境的创设中将先进的信息技术和丰富的信息资源充分利用起来,根据教学目标、教学任务和教学内容而选择适宜的情境创设方式。对问题情境、协作情境、模拟实验情境的创设在信息化教学设计中是比较常见的,将这些情境设计方法运用到体育教学中也具有重要意义。

（一）问题情境的创设

对问题情境进行创设,就是围绕教学内容提出疑问,这个疑问是学生求知心理和教学内容之间的一道"障碍",学生进入问题情境中解决疑问,就能消除这道"障碍",豁然开朗,从而掌握教学内容。

激情引趣是教师在问题情境创设中要贯彻的一项重要原则,通过合理的问题情境而将学生的学习与探索情感激发出来,吸引学生的注意力,点燃学生的热情,使学生自主探索解决问题的答案。创设问题情境有助于增强学生学习思维的启迪和学习兴趣的培养,有助于促进学生求知欲和探索欲的强化。当学生对问题产生兴趣时,教师要因势利导,提

---

① 李文高．教学设计的新领域　信息化教学设计 [M].昆明：云南大学出版社,
2013.

供有价值的线索,使学生对问题进行多角度的分析和全方位的探讨,最后综合各种有价值的信息而完成对新的认知结构的建构,运用新的知识和技能去解决问题。

体育教师将信息技术运用到对问题情境的创设中,为学生提供丰富的学习资源和获取学习资源的便捷渠道,为学生自主学习提供指导和帮助,使学生在具备基本自主学习能力的基础上与同学进行协作学习,在自主与协作学习中主动探索、主动实践,提升实践能力和创新能力。在问题情境的创设中将丰富的信息资源和技术运用其中,更有助于对学生主动学习的积极性的激发和培养,依托信息技术进行问题情境创设有多种多样的方法,这些方法不仅可以用来创设问题情境,还能用来创设其他学习情境,而设置问题时采用较多的方式是引进案例、设计图像、制作视频、模拟实验等。

(二)协作情境的创设

在信息化教学设计中进行协作情境的创设时,要将互联网上的BBS、电子邮件、网络电话等交流工具充分利用起来,围绕学习问题而创设一个便于学生自由交流和讨论的情境,该情境中应包含协作、角色扮演、竞争等多种有助于培养学生协作能力和适应能力的元素,使学生之间通过协作而共同解决问题,完成学习任务。

利用信息技术手段进行协作学习情境的创设时,主要流程如下:

(1)整合信息资源;

(2)确定学习目标和任务;

(3)小组内合作学习;

(4)小组间相互交流和分享成果;

(5)教师进行总结、评价。

协作情境与外部环境之间有密切的关系,合理创设协作情境,与外部环境有机结合,有助于使学生在协作情境中获取的知识和技能迁移到现实生活中,用于解决现实问题,这对于培养与提升学生的高级认知能力、合作能力、适应能力及建立与维护人际关系的能力具有重要意义。信息化协作情境打破了时空限制,使传统学习情境实现了时间上的延续和空间上的拓展,使交互学习过程更易被教师控制和监督,学习者也能在协作情境中尝试不同的角色,获得丰富的学习体验。

在协作情境教学中,教师的指导者角色发生了变化,主要任务是合理安排教学内容的逻辑序列,规划设计学生的协作学习方案。

(三)模拟实验情境的创设

学生学习的方式有很多,实验就是其中一个非常重要的学习方式。合理的实验设计可以使学生将学习内容与自己的生活相联系,从自己的生活经验出发而思考学习问题,从而掌握知识。在课堂教学中往往缺乏足够的实验条件,所以可通过对模拟实验情境的创设来发挥实验的功能,达到实验学习的相同效果。在模拟实验情境的学习中,教师示范动作,学生模仿练习,以掌握新的技能。此外,学生也要充分发挥想象力,运用表象练习法结合学习内容联想真实实验情境,在模拟实验中体会乐趣,体验成功,提升解决问题的能力。

在模拟实验情境的创设中,学生要围绕学习主题设计情境,实验环境与实验条件都要接近现实,然后通过对信息技术的运用来操作模拟实验情境教学,教师提供指导,并在最后进行评价。

第七章　现代信息技术下高校体育教学模式的改革与发展

我国高校的体育教学模式几经变革,已经取得阶段性的进展。但是随着信息技术的不断推陈出新,改革的步伐不仅不能停歇,而且应该加快速度,如此才能适应时代提出的要求。本章将从体育教学模式的概念、传统体育教学模式、新兴体育教学模式以及信息化技术下我国高校体育教学模式的改革现状等几个方面进行详细阐述。

第一节　体育教学模式概述

一、体育教学模式的概念

（一）体育教学模式

教学模式的概念大约出现在 20 世纪 50 年代,尽管不同学者对于教学模式的定义略有不同,但他们比较一致的观点是,教学模式是以一定的教学思想或理论为指导,由教学方法、教学目标、教学内容、教学流程构成的比较稳定的教学体系。和其他学科相比,体育教学模式主要是以体育的教学内容为基础而总结出来的,它具有体育自身的特点。

（二）体育教学目标

教学模式围绕着教学目标而服务,如果说教学模式是手段,那么教学目的才是核心因素,教学目标不仅决定着教学模式的设计,也决定着教学内容的策划。在体育健康教学模式中,老师设置的所有教学流程和教学内容都是为了促进和激发学生的运动热情,并且选择最合适的方式指导学生掌握科学的运动方法,养成良好的运动习惯。这一切都是为了帮助学生拥有健康的身体和养成锻炼的习惯,为日后的学习和工作打下良好的基础。

(三)体育教学指导思想

在体育教学中,指导思想是体育教学模式的基础,是构成体育教学模式的框架,是体育教师制定教学内容和教学方法的依据。例如,被采用最多的体育快乐教学模式的指导思想就是"快乐",体育教师根据这一指导思想设置每个教学环节的主题、内容和细节部分。体育教师会注重在设置课程内容时,尽可能地让学生感到轻松愉悦,努力创造一个快乐的学习氛围和学习环境。

二、高校体育教学模式的现状及问题

尽管我国高校体育教学改革在不断地推进之中,很多高校逐渐引进了国外的先进教育理论和教学方法,产生了一部分的积极影响,但是我国高校体育教学的整体理念、教学内容和教学方法等很难在短时间内完全摆脱原有的传统教学理论。它依然保留着原先的发展惯性,目前的教学现状大体上处于一种稳定的、动态的发展变革之中。

(一)教学内容单调

首先,我们的高校体育教学内容仍然比较单一和缺乏创新。尽管也尝试着纳入当前较为流行、较受欢迎的运动项目内容,但是也还处于萌芽阶段和尝试阶段,其教学深度和教学能力还局限在比较初级的水平,而且大多数高校还不具备开设新兴项目课程的能力和实力。因此,我们的高校体育教学内容整体上依然是田径项目、球类项目、部分武术项目等。也就是说,从小学、初中、高中到高校,体育教学内容并没有太大的区别,而且也没有随着年级的升高而在教学上进行深度或者难度的提高,流于形式,缺乏真正的发展和创新。这种模式只有抓紧改革,才能符合当前国家和社会对高校体育教学的要求。

（二）教学方法传统

我们的高校在教学方法上也以传统方式为主，即开始由教师定义学习内容、讲述理论、拆分动作、分步示范，最后学生们重复动作、进行练习、完成考核。这样的教学模式很难激发学生的创造性和学习积极性，也很难提高教学效果。这种教学方式的另一个缺点是，局限于追求结果，忽视了培养学生的学习热情和学习能力，单一的技术是否熟练掌握，并不是高校体育教学的终极目的。因为过分强调结果而忽视学习过程中的努力，使体育教学有些舍本逐末，很难期待这样的教学模式能够培养学生掌握科学的学习方法，发挥个性和专长，长久来看，与促进学生全面发展的理念相违背。

（三）教学评价单一

"一刀切"的评价方式也是制约我国高校体育教学发展的一个重要因素。很多高校都使用同一个标准作为唯一的评价手段，然而每个学生的身体条件差别很大，每个学生对体育运动的兴趣追求更加充满个性化，显然，使用国家统一的运动标准作为高校的唯一评价手段，是一种十分落后的教学理念。它限制了学生的正常发展，比如有些学生先天条件很好，应该得到更好的培养和更大的发展空间，让他们的运动天赋充分得以发挥，但是现实情况是，他们和大多数体育能力平平的学生使用同样的评价标准，只要"达标"即可，结果就导致大量的具有运动特长的学生被忽视和埋没。

（四）硬件设施落后

体育教学的发展离不开硬件设施的完善，长期以来，体育学科在普通院校的位置始终是作为一种"副科"来看待。高校在资金投入上也优先考虑学校的强势专业，而体育科目作为副科始终得不到足够的重要，因此很多高校的场地设施都十分落后，要么是设施非常陈旧急需换新，要么是器械破损严重却仍在坚持使用。这些情况都会影响学生的学习积极性，也影响他们正常的体育运动和健身活动的展开。

（五）重技术、轻个性

整体来说，我们的高校教学活动趋于"技术化"，也就是说，我们的体育教学常常局限于对运动项目的技术达标，以"注入式"为主要教学手段的现象还非常普遍。具体表现为重技术、轻理论，重共性、轻个性，重注入、轻主动等。在高校体育教学中，体育教师仍然执着于苛求运动动作技术的掌握。这种传统的教学理念和模式严重束缚了学生的发展，压制了学生的积极性和主动性，不利于他们的长期发展。

第二节　传统体育教学模式及应用

一、传统体育教学概述

我国高校的传统体育教学模式是指采用相对固定的教学目标、教学内容、教学模式，以及相对固定的教学组织形式，如以行政教学班为授课单位，对基本知识、指导思想、学习内容等都高度的标准化。传统体育教学模式的优点是有利于整体把握学生的学习进度，利于基础知识和基础技能的掌握，但是缺点是忽视了学生的个性化学习需要，忽视了对青年学生的自主性和创新性的培养。学生的集体主义意识得到了加强，而个性化相对地被磨灭。特别是具有体育天赋的学生可能往往被忽视。

二、传统体育教学特点

（一）平稳有余，创新不足

高校在长期的体育教学实践中，过于追求标准化和以结果为导向，这虽然在一定的程度上保证了教学活动能够顺利进行，但却束缚了体育教师和青年学生的思维方式与创造能力，制约了体育教学的改革和创新。而且直接限制了学生的学习热情，使他们失去了对体育课的兴趣，不能达到体育教学所要求的完成多维度教育的功能。传统的教学模式在高校教育中几十年不变，制约了体育教学的改革和创新。而我国新时期对教育的要求是朝着素质教育全面推进，高校体育教育应该积极突破局限,努力转变观念,勇于创新,完成素质教育赋予我们的重任。

（二）重视"生理",忽视"心理"

传统的高校体育教学仍然表现出追求技术的完成度和标准化,疏于对青年学生的心理建设和疏导。对于即将进入社会的高校学生而言,他们长期在校学习,对社会的接触和认识明显是不够的。而高校的体育教学本来具备这样的条件和优势,可通过体育运动锻炼他们的意志品德,培养敢于拼搏、积极进取的人生态度,从而对学生心理发展给予一定的辅导和建设。但是传统的体育教学模式局限在技术和成绩的条条框框之中,无形中影响了教师的创造性,疏忽了对学生的心理素质建设,同时也限制了学生的主动性和创造性,影响了学生的全面发展。

（三）对素质教育的开展力度不足

素质教育要求现代教育要注重学生的个性发展和全面发展,体育教学不仅仅要学生学会运动技巧和锻炼方式,拥有一副好身体,更重要的是掌握科学的学习方法,授人以鱼不如授人以渔。只有掌握了科学有效的学习方法,在今后的学习和工作中,我们的青年学生才能在更复杂和更困难的情况下从容应对,不断地学习新技能,不断地成长,更好地适应社会发展对人才的需要。高校的体育教学肩负着对学生进行素质教育的任务,应该从体育教学入手,对青年学生的思想品格、心理建设、审美情趣等都有不同程度的涉及。比如,督促他们养成良好的行为规范,发展健康的人际关系,开发认识事物的能力,掌握对美的理解和表达等。

三、传统体育教学模式的应用

（一）三基式

三基式是我国比较传统的体育教学模式,其主要是以班集体为教学单位、以一名教师面对整个班级进行教学为主要形式。这种教学模式的优点是教师的作用比较凸显,教师的水平优劣将直接决定着教学效果的好坏。另外,也方便掌控学生的整体水平,这种模式更适合应试教育。缺点是重整体而轻个性,它往往忽略了学生对学习内容的主观需求,缺乏个性化发展,也不利于培养学生的现代体育观念。随着我国体育教育制度的不断更新,这种教学模式已经逐渐被淘汰。

(二)分层式

分层式是一种区别性教学模式,是从以教师为中心到以学生为中心的一种转换。它根据学生的兴趣和身体的不同情况进行划分,虽然在统一的教学体系之下,但是会优先考虑学生的差异来设置教学内容和教学方法,这种教学方法更有利于学生根据自身的具体情况自主选择学习方向和内容,能够更好地促进学生的个性发展,从而达到更好的学习效果。但是,这种模式的主要问题是,很多高校在教研方面没有做足功课,导致教学内容往往只是延续了中学的体育教学内容,这是一种表面进步而实则退步的表现,并不符合我国体育教学改革的趋势和要求。

(三)混合式

混合式体育教育模式,是指必修课与选修课相结合的体育教学模式。高校以必修课和选修课并行的模式进行体育教学,在既保证了整体教学要求的基础上,又能一定程度地满足学生的个性化学习需要。这种体育教学模式一方面可以提高学生的学习积极性,另一方面也有助于学生的全面发展。不过这种教学模式对学校的要求很高,学校需达到一定的规模、具有相当的实力,才能配备充沛的设备资源,聘请各个科目的体育教师进行常驻教学。

(四)三段式

三段式体育教学模式即将学生的体育教学分为三个阶段:大一学习体育必修课,主要以基础体育知识和体育技能为主;大二开放选修课开始学习专项体育的内容;大三和大四以选修课为主。这种教学模式可以兼顾培养学生的体育基础和专项体育能力,同时也培养了他们的体育兴趣和锻炼习惯。但缺点是难以突出学生的个性发展。尽管如此,它仍然是至今被高校广泛采用的一种教学模式。

（五）并列式

并列式是对三段式体育教学模式的一种优化调整，主要体现在从大一就开始同时开设基础课、专项课和选修课。它的目的是在机制上对具有体育特长的学生给予更大的发展空间，也有利于高校培养高等体育人才。同时，在一定程度上提高了学生的学习自主性，充分尊重学生发展自身爱好和特长的需要，让体育教学最大限度地为学生的个性化发展创造可能。但是这种模式的缺点是需要体育教师投入大量的时间和精力，而且也容易导致学生忽视对体育基本知识和基础技能的学习。

第三节　体育教学模式的改革与发展

随着时代的进步，传统的体育教学模式已经制约了高校的体育教育发展。为了尽快适应社会快速发展的需求，满足学生全面成长的诉求，高校体育教学改革迫在眉睫。

1999 年 6 月，中共中央、国务院颁发了《关于深化教育改革全面推进素质教育的决定》，要求"学校教育要树立健康第一的指导思想"。同年 10 月，教育部在江苏无锡召开了全国学校体育卫生工作经验交流会，要求认真落实"学校教育要树立健康第一的指导思想，切实加强体育工作"。随后，各大高校积极开展创新与改革，开启了高校体育教学模式多样化的发展格局。

一、自主教学模式

（一）自主教学模式的概念

对于自主教学目前还没有一个严格的定义，其基本内涵可以理解为"高校可以不拘一格，采用多种形式的教学手段，目的是激发学生的学习欲望，进而对学习内容进行自发的、连续的学习行为"。在具体的实践中，我国高校的体育教学采用的方式是，以教师的基本教学为起点，引导学生针对自身情况制定学习目标，并且练习自我监控、自我调整和自我评价的学习方法,最终实现体育教学目标。

(二)自主教学模式的特点

1. 主观能动性

主观能动性是素质教育的重要内容,也是自主教学模式的基本特征。在传统教学模式中,无论是体育教学还是其他学科的教学,往往是以教师为中心,学生要"跟着教师的节奏走",按照教师规定的目标、内容、方式进行学习。在整个过程中,教师是教学活动的主导者,学生是被动的跟随者,这种教学模式的弊端显而易见。如果学生的学习始终按照既定模式进行,长此以往,学生的主观能动性不仅没有得到发展反而受到遏制。另一方面,学生的个人特点和个体差异也被忽视,这与素质教育的要求也是相违背的。在自主教学模式中,首先关注的是学生的个体特征,并将学生作为整个教学的核心,所有的教学工作是紧紧围绕着学生开展的。同时,自主教学模式要求学生在教学中也承担起对自己的责任,发挥主观能动性,选择最适合自己的学习内容和学习方法,而不是一切都按部就班或被动接受。

自主教学模式是促进学生根据自身兴趣爱好和个人特质出发,结合教学的实际情况,和教师一起确定教学的主题、方式和内容。教师的角色主要是指导和帮助学生进行自主学习,由学生自身积极主动地推进教学,选择自己投入和努力的方向,遇到问题和困难可以向教师寻求帮助,这是自主教学的主要机制。它旨在充分发展学生自身的主动性和积极性,反对强制式、灌输式和被动式教学,鼓励学生发展探索式的自主学习模式。

2. 教学有效性

在传统的教学模式中,由于没有结合学生的个体学习意愿和个人特长,教学效果往往要依赖强制性手段来实现,这大大地降低了教学效率。而在自主教学模式下,教学活动以鼓励学生的内驱力为主导,学生的学习首先是建立在自发自愿的基础上,选择自己感兴趣的内容进行学习,而教师作为指导和顾问的角色发挥辅导和助推的作用。一方面,学生在学习自己感兴趣的内容时具有更高的积极性和主动性;另一方面,这种学习并不是随意的或者毫无章法的,而是在教师的专业指导下进行的,是在同学间相互分享资源、相互借鉴学习方法的条件下进行的,这些因素都极大地提高了教学效率。同样的体育教学,由于采用了不同的教学模式,其效果可能有天壤之别。随着自主教学的深入开展,学生发现问题、解决问题的能力,以及自我分析理解能力都得到发展和提高。并且,高校的自主教学模式水平越高,学生的学习效果就越好,那么体育教学的质量也就越高。

（三）自主教学模式的应用

1. 强化学生自主学习的理念

在传统教学模式下,很多学生对体育教学的理解是比较肤浅的,认为体育课就是打球、跑步并获得一定的学分而已。因此,提高教学效果的首要任务是建立对体育教学的正确认识。

（1）纠正学生的学习观念

重新树立学生对于体育学习的正确观念,是提高教学效果的第一步。让学生充分认识和理解体育运动对提升自身素质的重要性,提高学生自主学习体育课的主观能动性和积极性,同时也提高了发现和解决问题的能力、学习能力、适应能力,从而对未来进入社会和自我发展做好准备。

（2）加强学生的自我认识

在自主教学模式下,高校体育课的内容选择和锻炼计划都是以学生的自身条件为前提的。这对锻炼学生的自我了解和自我发展非常有帮助。它可以促进学生对自身状况有全面和正确的认识。并且学习有针对性地设置学习目标,制定切实可行的学习计划,这是对学生学习能力的全面锻炼和综合培养,对日后的学习和工作都有非常重要的意义。

2. 打造"自定义"的体育学习模式

在高校体育教学中,自主教学要求教师充分尊重学生的个性和学习意愿。积极营造自主选择的学习模式,它包括自主选择学习时间、学习内容和学习方法等,使体育教学真正做到以学生为主体,在这样的前提下提高体育教学质量和效率。

高校应在自己实力允许的情况下,努力丰富体育课的教学内容,努力培养优秀的体育教师,为自主教学提供更多的选项和更大的发展空间。只有在师资足够充沛的条件下,学生的"自定义"学习内容才有实在意义,才不会流于形式。因此,自主教学模式对高校的整合实力具有一定的要求。

二、合作教学模式

(一)合作教学模式的概念

合作教学模式是由美国发展起来的一种崭新的教学理念。其研究者从社会学、哲学、教育学和心理学等多个角度进行研究,试图发现和总结出影响学习活动的主要因素及其作用效果的规律,并提出合作教学的定义。他们认为,合作教学是以合作教学小组为基本形式,系统地利用教学动态因素之间的互动促进学生的学习,以团体成绩为评价标准,共同达成教学目标的教学活动。

(二)合作教学模式的特点

(1)合作教学以合作教学小组为基本形式,通过小组互动互助的方式形成紧密结合的团队合作学习模式。

(2)在以小组为基本单位的学习活动中,围绕着教学内容展开的各种讨论和交流过程,实现了发展学生推理能力、合作意识、解决问题的能力、沟通能力以及人际交往能力。

(3)合作教学模式是以团队的成绩为评价标准,并不对个人成绩进行评判,这样的好处是能够有效地促进团队成员间的互助与合作,改变原来单打独斗的学习模式。

(三)合作教学模式的应用

1.鼓励学生带着问题学习

教师在教学中通过不断地提出问题为手段之一,促使学生"带着问题"去寻求答案。这不仅加强了教师与学生的交流与互动,而且还有利于教师准确地掌握教学进程。因此,在体育教学中,教师可以利用提出问题的方式,想方设法地为学生设计问题情景,促使学生之间通过有效地合作积极寻求解决方案,或者通过问题直接引导学生关注核心知识和技能。此外,提出问题不仅激发了学生的思考能力、研究能力、协作能力,而且可以锻炼学生解决问题的一整套思维模式与行为模式,日后可以将这种能力"迁移"到其他学习方面和工作方面。

2.激发学生找到自己的方式

合作教学模式的另外一个特点是教学内容、教学方法的灵活性,不会拘泥于某种固定的形式。它所采用的教学策略、教学方法与教学手段都是为了辅助学生理解和学习知识技能,在这样的过程中没有固定的范式或者程序,因为每个学习小组的同学不同,解决问题和理解问题的能力、速度也不尽相同。因此,教师需要营造一个比较轻松的教学环境,激发学生们充分发挥想象力和创新能力,积极交流和沟通,不断努力和尝试,最终找到属于自己的解决问题的方式。

3.促进学生发展合作意识和协作能力

合作教学模式注重实践性,是指在井然有序的教学秩序下强调"学习小组"的能动性。在以小组为单位的学习形式下,学生很快突破原来个人的思维方式和行为模式,得到来自同学们的启发,获得新的视角,这些都在无形中扩大了学生解决问题的半径,帮助他们看到自己的独特性,也了解到自身的局限性,从而促进其发展合作意识和协作能力,并且能够多角度、多维度地理解问题和解决问题。在这一过程中,学生的学习能力和解决问题的效率都明显得到提高。

三、快乐教学模式

(一)快乐教学模式的概念

快乐体育教学模式起源于二战后的德国和日本。其基本含义是通过体育教学,让学生在体育运动中充分体验参与、理解、掌握以及创新的乐趣,快乐学习是其基本诉求。

(二)快乐教学模式的特点

(1)以帮助学生获得深层次的心理快感和成功感为目标。
(2)以激发学生的学习自主性和创新意识为目标。
(3)以使学生养成终身运动的意愿和习惯为目标。

（三）快乐教学模式的应用

1. 理论与实践相结合

快乐教学模式并非为了让学生快乐学习,而减弱理论和基础知识的学习。正相反,任何创新都需要扎实的理论基础作为支撑,并且在不断地摸索实践中得到完善。快乐体育教学模式要求在教学内容、教学方式和教学评价方式等方面下足功夫,并且结合不同时期、不同教师、不同学生等多方面的因素,实现灵活性、多样化的教学。

2. 从情绪入手调动学习热情

传统的体育教学中,以教师的"说教"占据教学的主要部分,而少了情绪的感染,很难调动学生的学习热情和积极性。而在快乐教学过程中,教师会非常注重情绪的热身,先从情绪上调动起学生的参与热情和主动性,那么就可以在最短的时间内帮助学生调整好状态,为接下来的学习做好准备。

3. 强调学生的主体性

快乐体育教学在实施上以学生为主体,但并非盲目优先和提高学生的角色地位,而是体现为在每个环节中都尊重学生的主观意愿和客观条件。比如,教师让学生选择自己的体育强项,接着教师会帮助学生根据学生的自身特点制定运动计划和选择最适合的运动方式。尽管是以学生为主体,但是在整个学习过程中教师并不是缺席的,他们从始至终都以学生的坚强后盾而存在。并且,他们也是督促学生为自己的选择承担起责任的监督者。学生既然选择了自己的学习方向和学习方式,就应该有始有终,为自己的选择承担相应的责任,呈现相应的成果。

4. 快乐教学应满足学生的动机需求

快乐体育教学应注意对学生的动机需要及时满足。当学生的动机被重视和得到满足之后,会进一步促使学生自主地从事体育学习和锻炼,享受体育运动,充分发挥其创造力,并不断尝试和挑战新的技能突破,在运动过程中自觉积极地发展体能和提高运动技能。因此,体育教师应积极运用新的教学手段、组织形式和教学方法,通过不断地满足学生的运动动机调动学生的运动积极性和主动性。

四、终身教育模式

（一）终身教育模式的概念

作为一种教育思想,终身教育强调的是整个教育布局应该按照终身教育的原则来组织和发展,保障终身教育和终身学习的机会。终身教育是超越学校教育的一种教育理念,是全社会共同的事业。

（二）终身教育模式的特点

（1）以终身体育运动为最终的教育目标。
（2）以体育教学为切入点,以终身运动为组织方向。

（三）终身教育模式的应用

1. 分级式体育教学

依据学生的身体素质状况,采取以分级的、长期的体育运动为前提的体育教育模式。将学生的体育运动计划通过分级、分步骤的方式,对不同群体施加不同的教学内容和教学手段,目的是针对性极强地指导学生进行学习和锻炼。这样能使不同基础水平的学生都能愉快地接受体育学习,体验运动的乐趣,养成运动的习惯。

2. 选项式体育教学

选项式体育教学也是以终身教育为基本假设和诉求,通过满足学生的运动兴趣,充分发挥学生的运动特长,促使学生对运动产生更强烈的运动愿望,从而达成终身运动的目标。

3. 运动处方体育教学

在高校体育教学中,根据学生健康状况、身体素质水平、兴趣爱好和运动特长等不同情况,以“运动处方”为中介,使学生掌握一定的科学运动方法,养成自觉锻炼的习惯,并提高学生的自学、自我评价、自我管理和自我创新的能力。

五、网络教学模式

（一）网络教学模式的概念

网络教学模式就是充分利用网络平台进行教学,在时间上、空间上扩大了教学范围和教学规模,网络资源对"教"与"学"都是极大的附能。教师可以借助网络开设教学课程,学生可以自主选择自己喜欢的内容、自己方便的时间进行学习,学习者之间还可以进行交流互动,这些都是网络教学模式的优势体现。

教学活动围绕着教师的教和学生的学来开展,方便教师和学生进行讨论和交流。它是支撑教学活动最重要的应用管理系统,为教师和学生提供了强大的施教和网上学习的环境。同时,将学校教务管理平台的内容进行融合,教师可以在平台上对学生的作业进行批注,可以编辑教学课件,可以在线对学生进行考试等。平台可根据教学的课程需要,定制个性化的学习工具。同时,学生也可以在这个平台上选修课程,安排学习计划,查看选修课程的内容,向教师提交作业,汇报协作学习的情况等。

（二）网络教学模式的特点

（1）拓宽了教学时间、空间的限制,无论是对于教师还是学生,让教学和学习都更加便利。

（2）综合了自主教学、快乐教学、合作教学以及终身教学的优势,极大地推动了体育教学的发展步伐。

（三）网络教学模式的应用

1.大力建设高校自身网络平台

我国越来越多的高校开始运行或已经准备运行自己的网络教学平台。截至目前,我国高校校园的体育网页数量是比较多的,但是内容相对单一,体育教学信息的更新速度普遍较慢。另外,部分高校体育网页的主页仅仅局限于简单的文字和图片信息,涉及的内容较为表面,集中体现为概况简述、课程简介、招生信息等,不能对高校体育教学的有关专业进行多层分类的网络建设。因此,高校在未来还需要加大力度,充分利用网络资源。

2. 利用校外的优质互联网平台

我国的互联网发展处于世界领先水平,特别是近些年移动互联网的快速发展,甚至遥遥领先于世界上大多数的发达国家。我们的高校体育教学应该充分利用好这一优势。比如,可以在一些优质的互联网媒体平台上投放公开课的教学资源,作为对校内教学的有益补充。这种模式极大地丰富了传统模式下的体育教学形式,拓展了学生在体育课堂之外的学习环境,营造了不受时空限制的体育教学环境。

3. 高校体育教学的互联网技术应用

网络技术应用于高校教学也体现在体育教学中,与传统模式下的高校体育教学相比,高校体育教学的信息化、智能化是计算机网络技术、信息技术高速发展的必然结果。因此,学校可广泛开展体育网络化教学,建立完善的体育教学管理系统、体育教学资源管理系统以及体育课堂教学的网络管理系统,努力营造基于互联网的信息化和智能化的体育教学环境。比如利用先进的直播技术手段,教师和学生可以随时随地进行现场教学。利用多媒体和大数据的有效结合,极大地增强了体育教学的直观性、数据性,也提高了教学的娱乐系数,使学生在轻松愉快的条件下进行学习。

第四节 信息化教学模式在体育教学中的利用

一、信息化教学模式的概念

随着多媒体技术、网络技术日新月异的发展,信息技术的强大功能以及与各种理论的交互促进,一种全新的教学模式应运而生——信息化教学模式。信息化教学模式是基于现代教学环境中,各种信息的传递方式、学生对信息的处理能力,在教学中尝试充分利用现代教育技术手段,尽可能地构建一个良好的学习环境。在教师的组织和指导下,充分发挥学生的主动性、积极性、创造性,使学生能够真正成为知识信息的主动建构者,从而达到更好的教学效果。信息化教学模式的特点是以学生为中心,全方面地创建一个更加适合学生学习的信息环境、多媒体环境和氛围环境,全方位地促进学生的主动性和积极性,从而可以更好地学习和实践。

二、信息化教学模式在体育教学中的利用

(一)体育课课前的应用

信息化技术可以帮助体育教师在体育课前与学生进行必要的沟通,比如教师在教学平台发布课上将要学习的运动技能的视频和课件,以方便学生在正式上课之前做好相应的准备和预习。通过观看,学生提前了解到本堂体育课的理论知识和技能知识。教师还可以提前给出有关的思考题,引导学生对将要学习的新内容进行头脑"预热",比如学生可以自行查找相关资料进行了解,或者根据视频尝试练习基本的动作,体验动作特点和难点等,从而提前判断和锁定自己要重点学习的目标。教师也可以根据学生预习的反馈,进行有针对性的讲解,或者找出共性的问题进行重点讲解。这些都极大地提高了教学效率和教学质量。

(二)体育课课中的应用

在体育课上,教师根据教学平台的信息反馈,可以在课上着重讲解学生提出的问题。教师还可以提前根据学生的反馈而准备更丰富、更具针对性的资料,这样在课堂讲解中会更进一步地将知识和技能讲解透彻。因为教师和学生对课堂学习的内容有了充分的预习和准备,使课堂教学更加紧凑和高效,从而给学生留出更多自主锻炼的时间。

学生在进行实践练习时,还可能利用运动手环、心率带等智能监测设备,实时监控身体状况,这些科技手段和科技产品可以方便教师根据数据即时调整教学策略和教学内容,提升教学质量。教师还可以用摄像机等信息技术手段来记录学生的练习情况,这样课后学生通过回看视频,可以直观地发现自己的问题,提高学习效率。

(三)体育课课后的应用

在体育课后,教师可以利用视频录像将上课时讲授的重点动作和易

错动作发布到教学平台上,方便学生在业余时间练习时作为参考。而学生可以利用录音、录像设备把课堂上的难点和重点做好记录,这样在课后可以随时进行复习,并且可以反复地播放直到自己完全掌握为止。另外,教师还可以利用一些运动 APP 和运动手环等信息技术手段,给学生布置课后的运动作业,教师可以实时在线了解学生的运动情况。另外,教师在课后将相关的微课、慕课上传到资源共享平台,学生根据自己的情况可以随时自行观看和学习,从而使学生的体育知识得到进一步拓展和扩充。

三、信息化教学模式对体育教学的优势

(一)激发学生积极性

传统的体育课是以体育教师的讲授示范和学生的练习为主,这种"手手"式的教学方式可以让学生较快地掌握体育技能,但缺点也很明显,就是过于单调,学生长期处于被动、模仿、跟练的学习状态,对体育运动逐渐失去兴趣,也没有主动探索的动力,最终导致教学效果不佳,学生的运动技能以考试合格为标准,已经脱离了体育教学的初衷。而将现代信息技术与体育教学相结合,极大地丰富了教学手段,增加了课堂轻松愉快的气氛,比如将视频、动画、智能监测设备等应用在不同教学过程中,不仅可以丰富教学内容,还可以激发学生学习体育的热情和积极性,从而提升教学效率和教学质量。

(二)增强课堂体验

传统的体育教学受制于课时影响,教学内容要限定在课堂之内,因此体育教师要精炼或者取舍很多课堂内容,理论和实践总不能充分地进行,但是理论与实践的关系是相辅相成、密不可分的,缺少了任何一部分都会对整体造成不良影响。由于长期以来体育教学更注重技术和达标,因此或多或少地忽视了对学生的体育理论和体育素养的培养。但是在引进信息化教学模式之后,高校体育教学在理论培养和体育实践各个方面都得到了加强,可充分借助信息技术手段对学生进行体育理论和体育素养的培养。比如通过教学平台发布丰富的比赛集锦和教学课件,让学生有机会了解更多的体育比赛信息,观赏到更多高水平的运动员竞技

表现等,这些都是对体育教学的有益补充。一方面提高了学生的理论知识和体育素养,另一方面也提高了学生参加体育运动的兴趣和积极性,还可以简化课堂教学流程,给予学生更好的学习体验。

(三)实时监督运动数据

传统的体育教学质量和效果评估,很大程度上依赖教师的个人水平。但是信息化教学有很多技术手段的加持,比如教师可以随时观察和测量学生的脉搏情况、心率表现,从而及时变更教学内容和手段。每个学生的先天条件都不尽相同,教师可以根据数据情况制定不同的训练强度和训练方式,而不是像原来只能使用统一的标准对学生的运动水平进行评估。比如,在体育教学中应用运动手环或者心率带等信息技术手段,可以轻松实现实时监控学生的运动负荷和身体情况,然后根据反馈的数据即时改变教学策略,从而提升教学的质量,实现个性化的教学。

第八章　现代信息技术下高校体育
　　教学环境的创设与发展

体育教学环境是体育教学系统中的重要因素,在很大程度上影响着体育教学效果。随着我国对教育事业的越发重视,现代信息技术的迅速普及,人们越发认识到创设高校体育教学环境的重要性。本章将围绕体育教学环境概述、体育教学环境系统构成、多样的信息化教学环境、现代信息技术下体育教学环境的优化与发展等四部分内容展开,对现代信息技术下我国高校体育教学环境做深入的探索与研究。

第一节　体育教学环境概述

一、体育教学环境的概念

体育教学环境是一种较为特殊的教学环境,不同专家从不同角度对体育教学环境做了定义(表8-1),但截至目前,各专家的观点并没有得到统一。

表 8-1　不同专家提出的体育教学环境的概念 [1]

专家	体育教学环境的概念
毛振明	体育教学环境是在体育教学过程中影响"教"和"学"的条件的总和
黄亚飞	体育教学环境是指自发地影响人的身心发展的一切体育教学外部条件的综合
柴娇	体育教学环境是指体育教学活动所需的客观条件和力量的综合

---

[1]　崔艳艳.我国普通高校体育教学环境研究[D].河北师范大学,2012.

续表

专家	体育教学环境的概念
陈中林	体育教学环境是一种特殊的环境,概括地说,体育教学环境是按照一定的体育教学规律,在符合人的身心发展需要的情况下组织起来的环境

本书对体育教学环境作如下定义:体育教学环境指体育教学中与体育教师、学生相对的客体的综合。广义上来说,体育教学环境包括体育法律法规、社会制度、家庭条件等诸多因素。从狭义上来说,体育教学环境特指在体育教学活动中所有客体的综合。

二、体育教学环境分类

体育教学环境是一个由诸多要素组成的极其复杂的系统,不仅涉及与教学规模、师生关系相关的微观教学环境,还包括与社会文化相关的宏观教学环境。不同专家根据不同的分类标准将体育教学环境进行细分,本节内容将教学环境分为硬件环境和软件环境两大类。

(一)硬件环境

体育教学的硬件环境受物理因素、物质因素等多种因素的影响,指由各种与有形条件相关的硬件设施构成的环境。硬件环境是体育教学的基础,是顺利完成体育教学活动的保障。其中,常见的具体要素包括体育教学的场所、体育教学设备、多媒体、课堂上使用的教材、期刊和有关资料等。

体育教学硬件环境受到现实条件的制约,我国硬件环境存在地区不平衡的特点。一般情况下,我国东部城市发展得较快,西部农村发展得较慢。体育教学活动的效果对硬件环境的依赖性较强,许多教学内容没有硬件环境作为物质基础,就难以实现。

(二)软件环境

体育教学的软件环境属于无形的环境,体育教学软件环境存在于体育教学活动之中,包括国家有关部门和校领导制定的政策、师生情况、师生间关系、教师专门为学生创建的体育学习的环境与氛围等多方面内容,软件环境能够在很大程度上影响师生的心理活动、教学活动的具体安排,对教学活动产生着潜移默化的影响。目前,与体育教学软件环境有关的研究较少,可操作性指标尚未建立起来。

与硬件环境相比,软件环境在某些情况下发挥着更为重要的作用。其中,常见的具体要素有班级凝聚力、学生之间的合作、学生的学习态度、教师的教学水平、体育教学的理念等。下面将较为详细地分析体育教学软件环境中的有关要素。

(1)"人"这一要素的分析。人力资源的有效开发能够提升学校效能、教学效能。"人"这一要素主要包括体育教学活动的直接参与者——体育教师、学生。

作为软件环境中最为积极的因素,体育教师是发起、组织体育教学活动的重要负责人。俗话说,"教育大计,教师为本",体育教师的教学质量关系着体育课程改革的成败,决定着学校发展的潜力与水平,体育教师在教学活动中起着至关重要的作用。体育教师需要全方面提升自身专业素质、教学能力与教学水平,扮演好自身角色。

学生作为教学活动的主体、被实施的对象,其自身行为直接影响着体育教学的效果。学生在学习活动中,集能动性、受动性于一体,且不同学生之间的学习需要、能力有所差异,只有充分发挥自身能动性,才能真正提升教学的质量。

(2)交往要素的分析。体育教学软件环境中存在着各种各样的交往方式,例如,师生之间的交往、学生之间的交往等,教学交往在教学过程中必不可少。课堂上师生关系、生生关系的质量影响着不同主体之间的信息传递,良好的交流与沟通、情感的联结有助于共同实现体育教学目标。

三、高校体育教学环境的特性

(一)规范性

高校体育教学环境具有一定的规范性,其环境的创设需要符合国家教育的总体方针、政策,满足高校人才培养的目标,促进学生身心全面发展。

（二）可塑性

体育教学环境受多种复杂因素（如学生、教师等）的制约。体育教学环境作为一种教学、育人环境，需要根据具体的教育目的、教学任务不断进行调整，因此，通常具有较强的可塑性。体育教师、学校管理者、学生所具备的价值观、精神素养决定了实际教学环境的风格，是实现教学环境可塑性的关键。体育教学环境的可塑性受学校物质条件、教育客观规律、体育教师、学生等多方面因素的制约，且不可随便改变与创设体育教学环境。

（三）系统性

体育教学环境因为具备相对独立性，是一个独特的结构系统，所以具有较为独特的存在形式，较为突出的演变规律和特点。通常情况下，体育教学环境能够反映出与时代精神相匹配的特点，并体现出一定的"超前性"。

（四）教育性

毫无疑问，教育性是体育教学环境中最重要、最根本的特征，高校体育教学环境作为一种典型的育人环境，必然需要体现出相应的教育特性。不论是作为物质基础的硬件环境，还是体育教学软件环境，都体现出一定的教育性，彰显着教育意义。

（五）时代性

体育教学环境受到社会环境的影响，被打上了时代的烙印。体育教师的教学水平、学生主体的发挥、师生之间的互动等均具有明显的时代特征，反映出时代精神，共同影响教学环境的创建。体育教学环境的创建情况随着社会政治、经济、文化的发展而不断变化，不断更新自身主题、形态。

其时代性主要体现在创新和发展两方面。

（1）创新方面。体育教学环境中因为具有"师生"这一独特主体，依靠师生的不断思考、不断创新，所以凸显出了体育教学环境的创新性。

（2）发展方面。随着时代的进步、技术的提高、教育观念的更新,高校体育教学环境不断向好的方面发展。

四、高校体育教学环境的功能

（一）引导功能

高校学生受体育教学环境的影响,认可与接受了某种特定的价值观、行为标准,教学环境引导学生向社会期待的方向不断努力,满足当代社会对全面型人才的要求。从这种角度来看,高校体育教学环境具有显著的引导功能。

（二）凝聚功能

学校体育教学环境中充满着来自不同地理环境、社会阶层、家庭背景的学生,他们聚集在一起,相互影响,共同寻找目标,实现自我价值,在体育教学环境中产生归属感。体育教师的教学表现、学生的行为表现、物质环境的创设等都能够帮助学生增强个人归属感,实现高校体育教学环境的凝聚功能。

（三）净化功能

良好的教学环境能够净化学生的心灵,促进学生养成良好的思想道德品质。社会环境对个体的思想、行为习惯的养成有着深远的影响。优雅整洁的校园环境,生气盎然的班级环境以及积极和谐的班风校风对学生起着较强的净化功能。学校的育人作用、净化功能不是通过教师强行灌输给学生的,而是蕴藏在美好、宜人的教学环境中,使教师在潜移默化中,不断熏陶和感化学生,从而实现理想的教学效果。各高校应该充分利用体育教学环境的净化功能对学生进行思想品德教育,提升德育教学的质量。

（四）激励功能

高校良好的体育教学环境具有激励功能,能够激发与调动全校师生的工作热情,提高其积极性,推进教学工作的进程,提升体育教学工作的质量与水平。

（五）美育功能

审美是人特有的高级心理活动,人天生具有对美的追求。个人与其所处的外部环境之间有着较强的审美联系。和谐的教学环境(包括校园的自然美、场馆设施的装饰美、教学过程中的创造美、师生的仪表美、语言美等)体现着丰富的审美内涵,影响着学生审美观的形成。体育教学环境应充分发挥教学的美育功能,培养与锻炼学生的审美情趣,提高他们对美的感受能力、创造能力。

第二节　体育教学环境系统构成

一、体育教学环境宏观系统的构成

所谓"宏观系统"指从广义的角度深入认识与了解高校体育教学环境。所有的社会环境,例如科学技术、社会制度、家庭条件、社区条件等,都会对教学产生一定的影响,因此都属于教学环境。

教育系统是社会系统的一个子系统,体育教学系统又处于整个教育系统之中。因此,社会大环境或多或少对高校体育教学环境有一定的影响。反过来说,体育教学环境不仅需要为社会系统服务,培养大量符合社会需要的人才,而且需要受到社会系统的调节与控制,需要社会系统提供相应的物质支持与精神支持。因此,社会环境与体育教学环境之间存在着互惠互利、信息传递、资源互补的关系。

现代体育教学环境宏观系统十分复杂,由多种要素构成,涵盖了大量的内容,例如社会制度、科学技术、社会风气、硬件软件设备等(图8-1)。传统的教学观念认为,教学活动是一种以教师为中心的纯认识活动,教师扮演着传授知识的角色,让学生被动地接受知识。教学过程是一种简单的线性过程。然而,在现实的社会环境中,体育教学系统对体育教学的影响是非线性的、相当复杂的。体育教学过程中的信息传递受到社会中各种信息源的影响,例如社会政治体制、政策,经济发展水平,人文环境中的科学、教育等不同环境层次的影响。体育教学活动不仅是个体的认识活动,还是一种常见的社会现象,通过人与人之间的信息传递来实现。

综上所述,采用系统观念,在整个社会大环境中开展体育教学环境宏观系统的相关研究具有很强的现实意义。

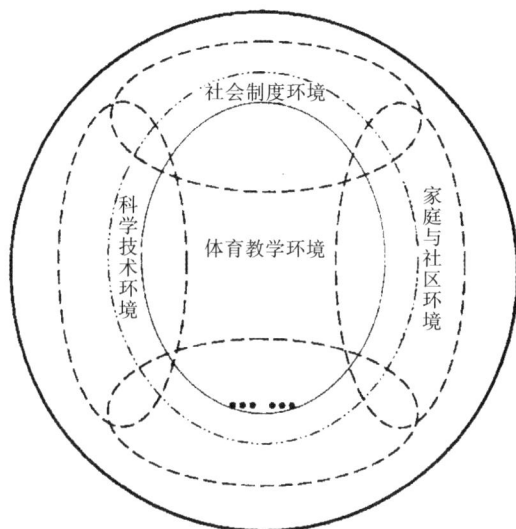

图注: —— 代表社会环境的外延
- - - 代表学校教育环境的外延
- · - 代表社会环境中各因素的外延
—— 代表体育教育环境和外延

图 8-1 体育教学环境的宏观系统 [1]

二、体育教学环境微观系统的构成

所谓"微观系统"则是从狭义的角度,针对学校具体教学活动的开展来考虑的。

体育教学环境的微观系统主要由物质环境、心理环境构成(表8-2)。

---

[1] 石振国,田雨普.信息化时代体育教学环境的系统观 [J].首都体育学院学报,2005(02):85-87.

表 8-2　体育教学环境微观系统的构成

基本构成	具体内容
体育教学物质环境	体育教学的场所,如体育馆、田径场、篮球场、排球场等以及这些场地周围的环境,如阳光、空气、树木、草坪等
	体育教学设备主要分为两大类,一类是常规性设备,如桌椅、实验仪器等;另一类是体育器材设备,如体操器材中的垫子、单杠、双杠等
体育教学心理环境	学校体育传统与风气,指一个学校在体育方面具有的集体行为风尚,通常具有普遍性和相对稳定性
	课堂教学氛围,指整个班集体在课堂上形成的一种情绪、情感状态,包括师生的态度、情绪波动等
	体育教学中的人际关系,主要指师生关系与生生关系

第三节　多样的信息化教学环境

毫无疑问,21 世纪是信息化时代,多样的信息化教学环境为教育现代化提供了技术支持,高校体育教学在观念、内容、方法、手段等各方面发生了全方位、根本性的变革。

一、多媒体教学环境

(一)多媒体教学环境中的常见形式

1.教学演示多媒体

多媒体在体育教学过程中主要用于演示教学内容(主要指具体的运动动作),根据具体的教学计划确定教学任务,通过多媒体将教学内容、数据、材料等呈现在特定的显示设备上,辅助教师进行讲解,帮助学生更好、更直观地接触知识。通常,各高校具有一定的物质条件,构建了大量一机多人的多媒体教室,教师可以在课堂上将多媒体与电子投影仪充分结合,通过图片或动画的方式将教学重点内容、难点内容加以表现,从而提高传播知识的效率。

2.模拟教学

模拟教学结合了多媒体技术与仿真技术,使得现实生活中不存在或难以体验的事物得到再现。体育教学中常常利用模拟教学这一形式使学生有身临其境的运动感,从而有效提升自身运动能力、运动水平。

3. 交互式教学

目前,计算机多媒体技术与网络技术实现了大融合,高校学生不仅可以利用教师提供的多媒体课件进行个人的自主学习,还可以搜索各种网络资源,进行协作式的自主学习。这两种双向交互式学习方式越发常见,受到学生们的欢迎。

4. 现代远程教学

现代远程教学作为一种新兴的、便利的学习交流方式,需要依赖开放的计算机网络教学系统。得益于网络的广泛传播特性,个人制作的多媒体课件可以上传到网络空间中,形成网络课程这种共享资源。学生可以根据自己的年龄、水平、空闲时间、爱好需求等自行选择网络课程,选择不同学校、不同教师的课程,在合适的时间安排学习活动。目前,网络课程的种类、数量越来越多,已经成为学生必不可少的学习资源,基本可以满足学生进行体育学习的需求。现代远程教学的普及有助于实现知识经济中的终身学习。

(二)多媒体教学环境的功能

多媒体教学环境具有多种具体的功能,受到广大师生的欢迎。

(1)增强学习者的感官效应,快速提升学习效率。人类感官效应主要表现为三种形态:视觉、听觉、触觉。传统教学环境往往形式单一,教学内容以直线展开。多媒体信息、多媒体技术则能够很好地适应不同个体的认知差异,使教学内容变得直观,从而增强学生学习的兴趣,提升学习效率。学习过程指人体各感觉器官(眼、耳、鼻等部位)对外界信息进行加工,并将初步的感觉信息传递到大脑,经过大脑的分析、整合,最终获得知识的过程。相关研究结果表明,通过多渠道获取的信息远远多于通过单一渠道获取的信息,同时利用视觉、听觉两种类型的感觉信息,得到的知识最容易被人记住。因此,在学习过程中充分利用多种感觉器官能够有效提高学习效率、增进记忆。多媒体教学环境恰好能够提供综合性的学习模式,例如,多媒体技术中常见的文字、动画、图像等能够触发学习者的视觉;示范朗诵、音乐歌曲等能够触发学习者的听觉;

便捷的交互式操作能够触发学习者各种器官的协同作用,帮助其挖掘和发挥各器官的功能。

（2）促进思维多维化。传统的教学模式重在培养学生的抽象思维,内容信息主要通过语言、文字、各种具体数据加以表现。然而,这种教学模式存在较为明显的弊端,较难跟上社会发展的步伐。新兴的各种各样的多媒体技术可以对不同种类的信息进行加工处理,促进了人类多维思维的发展。多媒体技术在教学中的应用,能够帮助学生调动视觉、听觉、触觉等多种感觉器官,这种多维动态方式能够在同一时间培养学生的抽象逻辑思维与具体形象思维,与此同时,教学活动也变得更加符合人类的自然思维,对教学活动大有益处。

（3）有助于发挥学生的创造性。在高校体育教学中,引入多媒体概念、多媒体方法、灵活多样的现代化多媒体技术,使得多媒体技术充分融入于教学实践中,技术的运用也更加生动逼真、易于控制。多媒体教学环境满足了个体个性化学习的需求,学生的想象力、创造力得到了最大限度的发挥。多媒体与计算机的结合,实现了人类感官与想象力的结合,这种创造性的学习过程能够激发学生的灵感,培养学生的创造性。

（4）实现教学信息的双向化。在传统的教学模式中,信息的传递是单向的,教师将知识、技能面对面传授给学生。虽然教师能够采用一些辅助的教学手段,例如电视录像等,但它们仍是单向的,学生被动地通过文字、声音、图像等方式获取信息资源,无法在教学过程中与教师进行及时的沟通与交流,教学工作基本失控,难以获得良好的教学效果。相比于传统教学,多媒体教学具有显著的优势,一方面能够实现学生与计算机之间的沟通交流,另一方面能够实现生生之间、师生之间、师师之间的多向沟通交流。在课堂教学中,每位学生的上机操作情况都受到教师的监督,教师在控制台上了解学生的学习状态,调整教学计划与教学进度,及时与学生开展对话交流、经验介绍,甚至可以进行针对性的专门辅导,邀请学习方法得当的学生介绍学习经验,真正实现多向互动,做到因材施教,保证良好的学习效果。

二、网络教学环境

网络教学环境作为现代化教学的代表,对人类社会、对人类学习方式的转变产生了很大的影响。在这个崭新的时代,教学内容、教学方法都面临着巨大的机遇与挑战。

（一）网络教学环境的特性

1. 自主性

目前,网络教学环境中已经包括各种各样的学习资源,信息资源不仅数量巨大,而且包括多角度、多层次、多形态的内容,其形式内容通常图文并茂、形声兼备、生动有趣,能够快速激发学生的学习兴趣。因此,学生纷纷主动在网络环境中搜索与筛选学习资源。在网络环境中,学生成为自己学习活动的主宰,由传统的"要我学"模式转变为"我要学"模式,自行选择学习材料、根据实际情况安排学习内容与学习时间,这种教学模式提高了学生学习的自主性与学习兴趣。

2. 交互性

在传统的班级教学授课活动中,师生之间的交互活动十分有限,每位同学与教师进行交流的机会和时间少之又少。网络教学的出现改善了这一缺陷,在网络教学中,师生之间需要沟通交流的信息可以通过交互的方式呈现。教师能够及时了解学生的学习情况,并给予反馈,适当调整教学进度,学生能够与任课教师进行直接交流,提出自己的想法,或向网络服务专家寻求帮助,请求指导。不同学生之间也能够通过电子邮件等网络技术实现实时交流,讨论在学习上遇到的任何困难,更好地了解自己,自由进行取舍,调整学习进度。

3. 个性化

传统教学将班级内的全部学生置于一名任课教师的影响下,读相同的教材,看相同的资料,听相同的课程,在一定程度上忽视了学生之间的个体差异,限制了学生创造力的发挥。而网络教学注重个体化差异,给了学生自由发挥的空间,摆脱了"一刀切"的传统教学模式。

4. 自由性

学生的学习活动不受地点、时间的限制,只要拥有一台可以上网的计算机就能进行学习,十分便捷。

5. 共享性

传统教师授课的形式在特定空间内进行,即使安装了闭路电视系统,接受及时教育、获得益处的也只是少部分学生,教师的授课内容不可能被广大学生所了解与掌握,然而,网络教学环境使得优质的教学课程得到大范围的普及,受到许多人的追捧。共享性是网络环境中最为突出的一个特性,教师、学习资源,教学设备人人都可以使用,在一定程度上打破了地区的限制、学习的壁垒。在传统教学中,普通大学生是不可能听到国内名校教师甚至是国外优秀教师的精彩讲授的,但得益于网络的共享性,这一切成了可能。

6.实时性

现阶段,直播授课的形式在网络教学环境中十分流行。广大学生能够通过通信设备,及时掌握教学内容,实现师生之间面对面的实时交流,帮助缺乏自主学习能力的学生在规定的时间内完成教学任务。

7.变革性

教师可以利用网络下载 CAI 课件,向学生演示各种校园网、因特网上的教学信息。由于网络能够传递和演示声音、图形、视频、动画、文字等多媒体教学信息,教师可以将有关的板书内容、教学挂图、实物模型等通过计算机处理后传递给学生。①

网络技术为网络教育提供技术支持的同时,其快速发展引发了教育的深刻变革,其主要表现在如下几个方面:

(1)教育观念上,传统教学强调教师"教"的过程,而网络教学以学生自主学习为主,以学生为中心,强调学生的"学"的过程。师生关系的中心也由教师转变为学生,教师在教学过程中的主要任务,不在于要求学生掌握多少具体的知识,而在于培养学生掌握知识的能力,指导学生掌握获取、选择、处理信息的方法,帮助学生解决技术性、伦理道德、情感和人际交往等方面出现的问题,并且充分了解每位学生的特点,为学生制定个性化的培养方案。

(2)教学模式上,学生不仅能够在教室里听教师讲课,还能够在任何地方上网络课程。传统教学模式由教师主导,看重教师的逻辑分析、讲授和提问的方式,而网络教学更注重教与学的双向互动,教学模式也发生了转变,采用"创新性学习"模式,要求学生具备掌握知识的能力。

(3)对教师而言,网络教学的应用与普及对其提出了更高的要求,

① 张有录.信息化教学概论[M].北京:中国铁道出版社,2012.

需要教师全面提高自身能力与素质。教师应该接受终身教育，不断扩大自身知识面，学习系统科学的教学方法，加强现代教育理念，掌握网络操作技能，提升自身网络资源开发的能力，顺利完成教师的科研型转化。

相关调查研究结果表明，计算机的整体性能在逐年提高，网络传输技术也以非常高的速率快速发展，众多核心技术已经突破了技术瓶颈，技术发展将对教育产生巨大的影响。网络教学终将得到大规模普及，成为人类获取知识的主要方式。

（二）网络教学环境的组成部分

网络教学环境是基于计算机网络的教学环境，与学生的学习环境密不可分。网络教学环境中，多媒体和各种各样的网络核心技术得到广泛应用。现代信息技术的快速发展，改变了人们教学、学习、交流的方式，为人类能力的提升创造了新的空间。现代化信息技术融入到高校体育教学后，引发了教学环境、学习资源、教学方式向数字化方向的转变。现代学校教育必须适应信息化、数字化的发展趋势，大力建设数字化网络教学环境。

网络化教学模式将数字技术与课程教学内容进行有效整合，教师在网络教学环境中，利用网络资源，开展各项教学活动。力争将数字技术、多媒体技术、网络技术整合于课程中，创建适应 21 世纪时代发展需要的新型教学环境、教学方法。网络教学环境中包括能对教学资料进行数字化处理、传输以及显示的硬件设施，和与之相关的软件设备。多媒体计算机和网络化环境的结合，使得这种教学环境呈现出信息显示多媒体化、信息传输网络化、教学环境虚拟化等特征。

网络教学环境的具体组成部分如下（图 8-2）：

（1）设施：包括多媒体计算机、校园网络、因特网等，充分体现出教学环境、学习环境的开放性。

（2）资源：教师为学生提供的学习资料。资料大多具有多样性、共享性，学习资源通常经过数字化的处理，可全球共享。

（3）平台：教师使用的教学界面，实现教学活动的软件系统，好的平台通常具有很强的交互性。

（4）通信：为用户之间的远程讨论提供有效的保障，保证教学、学习过程的强协作性。

（5）工具：网络教学平台中提供多种教学工具,帮助教师完成教学任务。教师可根据实际需要选择合适的教学工具,进行知识讲解,为教学实践创造条件,使学生的学习过程更有趣。

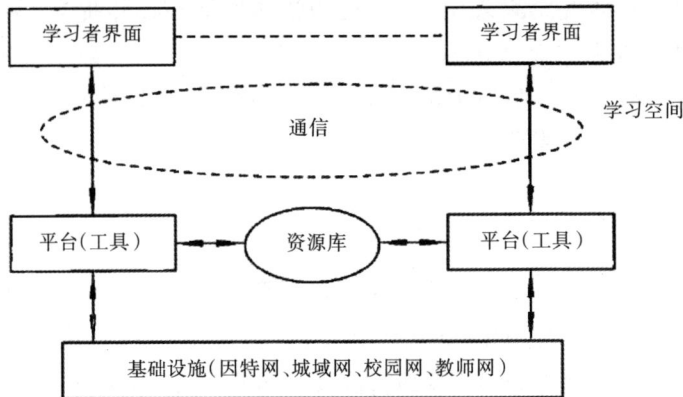

图 8-2　网络教学环境①

在网络教学环境中,数字化资源是需要重点关注的,资源是网络教学的关键,数字化资源具有可操纵性强、创造性强的特点,通常是由教师开发、学生创作或相关机构创作的。数字化资源作为一种常见的多媒体材料,通常需要经过数字化处理,在计算机或网络环境中运行,其种类丰富,包括视频、音频、网站、电子邮件、在线教学管理系统等。数字化资源使得数字化教学成为可能,学生在网络环境中能够采取自主、合作的方式进行信息处理。

三、智慧学习环境

在智慧学习环境中开展高校体育教学,符合对未来体育教师的培养要求,现代信息技术与教师教育的有机结合是智慧教育中重要的组成部分。

（一）智慧学习环境的概念

在我国,"智慧"一词从始至终蕴含着正面的意义,是整个社会、教育领域的普遍追求。于是,任何以"智慧"作为前缀的概念自然有着较为积极的含义。与智慧有关的研究领域非常多,包括智慧学习与教学、

① 张有录.信息化教学概论[M].北京：中国铁道出版社,2012.

智慧教学、智慧环境、智慧管理等多方面内容。

现阶段,智慧学习环境逐渐成为国内外学者关注的主题,但对其概念的定义尚未达成普遍共识,不同专家学者从不同的角度出发,对其做出定义。在国外,有的专家认为智慧学习环境是一种将学生的学习过程作为中心,需要现代信息技术、学习工具、学习资源等作为支撑的环境;有的专家认为智慧学习环境是一种能够获取学生全部的学习数据,识别学习者的个人特征的新兴学习场域。我国专家学者在 2006 年首次对智慧学习环境做出定义。在钟国祥教授看来,智能学习环境是由建构主义学习理论、混合学习理论和现代教学理论等构成的一个智能、开放、整合的数字虚拟现实学习空间,主要由设备、工具、技术、媒体、教师、同伴、教材等构成。[①]《2015 中国智慧学习环境白皮书》一书认为,智慧学习环境指人们能够在任何时间、任何地点,采取任何方式、任何步调,开展具体的学习活动,大力支持学习者进行便捷式学习、专注式学习的环境。

毫无疑问,智慧学习环境作为数字化学习环境的优越形式,是现代信息技术快速发展并应用于教育领域的必然结果。这种高端学习环境的构建需要现代信息技术、学习工具、学习资源作为支撑,需要智能设备为学习过程提供全方位的支持。

智慧学习环境的"新"主要体现在学、教、管、用思想理论的先进性和收集数据的有效性上。在此环境中,数据分析人员或专业教师可以全面分析获得的数据,例如,学习者的学习情景信息以及历史学习记录等。通过科学的数据分析,教育工作者能够更好地把握学习者的个人特征、学习情况,为学习者制定有针对性的教学计划和教学安排,帮助学习者更好更快地提升个人学习能力,帮助学习者发展智能、产生智能行为。与此同时,智能学习环境通过运用现代化计算机技术,充分了解学习者的内在因素和外部适应性,支持教师对学习者学习过程的远程控制。

当然,目前智慧学习环境还处于快速的发展变化之中,我们对智慧学习环境的认识还远远不够。智慧学习环境的深入研究不仅需要涉及学生在信息社会中具备的基本能力,还需要充分了解在此环境中不断涌现的现代化技术以及教学方式、学习方式的巨大转变。

---

① 李瑞杰 . 智慧教育视域下高校智慧体育构成要素的理论与实践研究 [D]. 北京体育大学 ,2020.

本书认为,智慧学习环境是指利用物联网、云计算、人工智能等新一代信息技术,在先进有效的学习理论和教学理论的基础上,通过智能感知学习情境和学习者特征,提供个性化、适应性强的学习资源和工具,灵活地对学习结果进行分析和诊断,从而促进学习者智能学习的新型学习环境,是一种先进有效的学习理论和教学理论。[①]

(二)高校智慧体育

1.高校智慧体育的内涵

高校智慧体育是高校体育工作在新时代发展变化中演变出来的一种新形态,此种形态需要依赖先进的信息技术和信息基础设施建设,通过整合各类高校体育教育资源,搭建信息化应用平台,提供信息化服务,充分实现高校体育工作的高效、便捷、智能化,加速高校体育工作的信息传递速率,提升高校体育工作运转力,实现高校体育教育的全面升级、教育资源的优化配置。

高校智慧体育代表着一种新的实践方向,是智慧体育在高校中的全新表现形式,与智慧教育、智慧体育、智慧校园、智慧管理等各项内容息息相关。现阶段,智慧校园强大的智慧空间、先进的智慧技术,体育数据的融通,可靠的智慧管理服务与平台,使得构建高校智慧体育成为可能。

2.高校智慧体育的构成要素

高校智慧体育包括发展战略、基础支撑、体育课程一体化设置与实施等在内的六大基本构成要素(图8-3)。

(1)发展战略:包括高校体育创新、体育战略愿景、高校体育战略执行等内容。

(2)基础支撑:包括信息基础设施、互联网、智能体育技术、云平台等内容。

(3)体育课程一体化设置与实施:包括体育课件、体育课程目标等内容。

(4)体育学习环境:包括体育教学与学习社群、智能体育工具等内容。

---

① 李瑞杰.智慧教育视域下高校智慧体育构成要素的理论与实践研究[D].北京体育大学,2020.

（5）体育大数据监测与评价：包括大数据分析与决策、校园大数据、体育大数据等内容。

（6）体育服务与管理：包括体育远程管理、体育安全预警、体育诊断等内容。

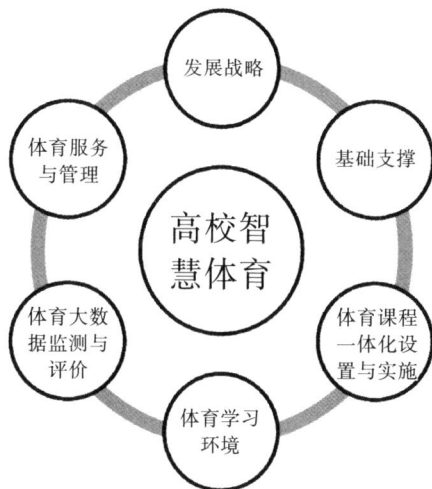

图8-3　高校智慧体育六大构成要素 [①]

3.高校智慧体育的构建

高校智慧体育的构建是高校体育教育在智慧学习环境中的理论深化和实践拓展。构建高校智慧体育、开展具体的高校体育工作都需要智慧教育相关理论与实战经验的指导。当前高校体育工作与智慧教育实践成果的充分融合将成为高校体育改革的重要驱动力量，未来将帮助构建完善的高校智慧体育。

第四节　现代信息技术下体育教学环境的优化与发展

一、体育教学硬件环境的优化与发展

在现代信息技术下，我国体育教学硬件环境仍存在诸多问题，例如

---

① 李瑞杰.智慧教育视域下高校智慧体育构成要素的理论与实践研究[D].北京体育大学，2020.

体育场馆设备数量有限、质量堪忧,体育教材内容缺乏科学性、创新性等。我国应该立足于教学硬件环境现状,确定明确的优化与发展目标,遵循优化与发展的基本要求,采取具体措施,最终实现体育教学硬件环境的优化与发展。

(一)优化与发展体育教学硬件环境的基本要求

1.与国家政治、经济、文化发展相适应

我国政治、经济、文化的发展在很大程度上影响着体育教学硬件环境的优化与发展。政治制度的变化引发教学制度的变化,教学制度的变化影响着体育教学的实施、体育教学硬件环境的改变。我国整体的经济基础、经济状况决定着体育教学硬件环境,好的硬件环境需要有良好的经济基础作为支撑。一个国家的文化体现着鲜明的时代精神,在一定程度上,体育教学硬件环境也体现着时代精神。综上所述,优化与发展体育教学硬件环境需要与国家政治、经济、文化发展相适应。

2.突出实用性

体育教学硬件环境的价值主要体现在实用性上。目前,我国仍处于社会主义初级阶段,经济实力相对落后,较为薄弱的经济实力导致体育教学硬件环境的实用性较差,教育经费没有得到充分利用。因此,在优化与发展体育教学硬件环境时,需要首先考虑硬件的实用性,避免造成财力、物力等资源浪费。

3.符合安全与健康需要

体育教学硬件环境的建构是为高校体育教学服务的,而高校体育教学以促进学生身心健康发展作为最终目的。硬件环境是开展体育教学活动的物质基础、必要条件,要想实现体育教学的最终目的,硬件环境的建设需要做到顺应学生身心发展的客观规律,符合安全与健康的需要。其中,安全问题是顺利开展体育教学的重要保证。只有充分保障了学生在体育教学活动中的安全与健康,体育教学硬件环境才能够真正体现出自身价值。

（二）优化与发展体育教学硬件环境的具体措施

1. 国家层面

优化与发展体育教学硬件环境的关键在于扩大经费,追加资金投入。相关政府部门应该加大体育教学经费的投入力度,将区域均衡发展理论作为发展高等教育的指导思想,在资源配置、宏观调控等一系列行政决策中落实此指导思想。重视多媒体教室、云平台等信息化平台的建设。

在进行拨款分配时,相关部门需要不断学习国外先进的拨款方式,了解各种方式的特点,优化我国的教育资金分配,建立起适合我国国情的拨款机制。保证各学校有充足的经费实现体育教学硬件环境向信息化方向的转变。

国家可以采取多种方式,制定相关政策,创造性地解决学校教育经费紧张的问题。鼓励学校与相关企业合作,采用外资引进等具体方法自筹经费,鼓励创办民办高校等。

2. 学校层面

学校需要在国家相关部门的监管下,在法律允许的范围内,拓宽学校教育资金的来源渠道,增加投资主体,加强校企合作,采取多种有效方式获得学校体育教学硬件环境的发展经费,保证体育场馆的运营,保证学校信息化平台的正常运转。

针对于体育教学硬件环境的优化与发展,学校鼓励全体师生发挥主观能动性,利用地域资源和现有器材设备对硬件环境进行合理改造。

3. 体育教师、学生层面

高校内全体师生可以利用自身的力量优化体育教学硬件环境,例如,学生通过各种方式掌握制作器材的方法,自制器材;体育教师合理设计教学内容,提升硬件环境的利用率,充分利用网络环境中的信息资源,满足教学的实际需要等。

二、体育教学软件环境的优化与发展

（一）个体层面的优化与发展

在现代信息技术下,个体层面的优化与发展主要针对于体育教师与学生而言。

优化体育教师的自身发展,可以采取以下具体措施:

（1）在国家层面上,政府部门制定鼓励体育教师自身发展的有关政策;制定体育教师职业发展标准;建立教师培训机构等,采取多项举措为体育教师的自身发展创造条件,提升新时代下体育教师综合运用信息技术的能力,促进体育教师拥有基本的信息处理能力。

（2）在学校层面上,严格执行国家颁发的相关文件,督促体育教师进行自我发展;鼓励体育教师之间多进行沟通交流、学术探讨,讨论对先进信息技术的看法;鼓励体育教师积极参与职业培训;鼓励教师在课堂上多使用现代化信息技术等。校方领导需要重视体育教师的自身发展,改善体育教学管理体制,赋予体育教师一定的实权,为体育教师的发展创造空间。

（3）在体育教师个人层面上,体育教师需要具有个人发展的意识与追求,认识到新时代下掌握信息技术的重要性,从而不断增强自身教学能力,提升教学水平。

优化学生的自身发展,可以采取以下具体措施:

（1）体育教师在对学生进行知识传授的过程中,充分利用多媒体教学、网络教学等新型教学方式,注重培养学生的主动性和对体育运动的兴趣。

（2）学生自身需要秉持对自己负责的态度,不断适应信息社会的发展,提升收集、获取信息的能力和自主学习的能力,在网络平台中实施体育自我教育,向优秀同学看齐,增强自我意识,发挥主观能动性。

（二）群体层面的优化与发展

在信息化时代背景下,群体层面的优化与发展主要指优化体育教学环境共同体,其具体步骤如下:

（1）确定参与软件环境优化与发展的人员,例如体育教学管理者、体育教师、学生等。

（2）确定共同体体育教学软件环境优化与发展的目标,即创建一个健康、互助、共享、和谐的体育教学环境,为学生提供优质的网络平台、丰富的网络资源。

（3）团结各方力量,为实现共同目标而努力奋斗。

第九章　现代信息技术在高校体育教学中的应用探索

体育教学信息化改革是新时代体育教学发展的必然要求,也是践行素质教育理念和满足社会对新型人才需求的必然追求。将现代信息技术应用于高校体育教学中,对优化体育教学过程,提高体育教学水平,培养全面发展的新型人才具有重要意义。本章对现代技术在高校体育教学中的应用展开探索与探究,详细分析信息技术在高校体育教学中应用的优势和基本条件,指出应用中存在的问题,并提出解决问题的对策,最后重点探讨信息技术在不同体育项目教学中的应用案例,以提供参考和借鉴。

第一节　信息技术在高校体育教学中应用的优势

一、改变了传统教学方式

体育教师在教学中将自己的语言讲解和动作示范制作成多媒体课件,给学生反复播放,尤其是重难点教学内容可以调整为慢速度播放模式,用现实、形象、模拟、仿真等方式逼真地呈现教学内容,突破传统教学的时空障碍,使学生对动作技术的掌握更直观、立体,对重难点教学内容有更深入的认识与理解,这对优化体育教学过程及促进体育教学效果的提升具有重要作用。可见,在体育教学中应用信息技术,不但能缩短学生掌握教学内容的过程,还能使学生对教学内容的理解和记忆更深刻,同时有助于对学生的学习积极性、自主学习能力进行培养。

二、提升了学生的学习兴趣

传统体育教学模式以"教师满堂灌、学生被动听和练"为主,这种单一枯燥的教学模式早已被学生厌倦,严重影响了学生的学习积极性和学习态度与行为。而将信息技术融入体育教学中可以弥补传统教学的不足。在体育教学中运用信息技术尤其是多媒体技术,将集文字、声音、图片、视频等于一体的教学场景呈现给学生,这个教学情境和传统教学情境相比具有很多优势,如涵盖了丰富的学习资源,情景交融,生动形象,新颖有趣等,这些特点与优势的存在使得新的体育教学模式成功吸引了学生的注意力,激发起学生很高的学习兴致,使学生热情饱满地参与教学过程和互动,课堂氛围非常活跃,学生的学习行为向好的方向转变,积极参与学习的学生也获得了更多的收获。可见,将信息技术融入体育教学有助于促进教学环境的优化和学生学习积极性的增强,对提升学生的综合素质与能力也有重要影响。

三、有利于新兴教学模式的实施

体育教学模式是基于体育教学思想、体育教学理论的科学指导而形成的比较稳定的教学结构,它源于丰富的教学实践经验,最终指向特定的教学任务和教学目标。教学模式作为教学活动程序应该具有很强的操作性,要通过可操作的教学过程来完成特定教学任务,实现预期教学目标。在现代高校体育教学中,为培养学生自主学习和探索的积极性,促进师生与生生之间的交流、合作与互动,体育教师将信息技术融入新兴教学模式的构建,高质量地实施信息化教学模式。

素质教育理念强调以学生为本,将学生的主动性、能动性及个性、特长充分发挥出来,这恰恰是传统体育教学模式所欠缺的,统一授课的传统模式忽视了学生的特长与个性,制约了学生能动性、创造性的发挥。因此,教师要在体育教学中将学生的学习兴致调动起来,使学生主动参与教学过程,积极配合教师,主动与同学交流。同时,教师也要学会在恰当的时间和教学环节将信息化教学手段呈现在课堂上,吸引学生注意力,激发学生的求知欲和好奇心,使学生主动发挥个人特长。教师要学会在信息化教学情境中创造性地解决问题,这对培养学生的积极探索和主动创新能力具有重要意义。

四、有利于培养创新型人才

（一）培养学生的信息能力

当前我们处于信息时代，信息资源非常丰富，信息技术迅猛发展，信息成为社会发展的重要资源，人们逐渐具备了获取信息、分析与处理信息、发布与利用信息的能力，这种信息能力已成为信息时代人们的必备生存能力。将信息技术应用于体育教学中能够对学生的信息能力进行有效培养。这主要体现在以下两方面：

第一，在体育教学中充分利用信息技术手段，发挥信息资源的网络特性和超文本特性，实现教学资源共享，使学生通过发现式学习和协作学习提升高级认知能力、信息能力、合作能力以及创新能力。

第二，学生借助互联网平台自由探索信息，发现信息，分析并评价信息，然后对有价值的信息进行筛选和加工处理，再充分利用到自己的学习中，满足学习需要。这是锻炼学生信息能力的重要实践活动，能够使学生在自主探索和加工利用信息的过程中主动走进信息化时代，适应信息社会发展的新环境。

（二）培养学生的终身学习态度和能力

信息技术的发展使全球学习资源共享成了可能，基于信息技术而建立的虚拟学校、虚拟课堂、网络课程、远程教育等信息化教学方式使学生的学习打破了时空局限，在互联网平台随时随地都能学习，延续了学习时间，拓展了学习空间，这就改变了传统教育背景下一次性教育的情况，实现了向终身教育和学习的转变，学生即使完成学校教育，也能借助信息技术而实现终身学习的愿望。学生毕业后可以根据社会发展的需求和自身需要继续学习新知识与新技能，依托互联网资源规划自己的学习计划，并进行自我学习管理，有针对性地进行高效率学习，逐步实现长远的学习和发展目标。

信息技术与体育教学的融合为终身体育教育和终身体育锻炼提供了有效的路径，使学生在终身体育学习中不断增强体质，提升运动能力，并在网络学习中提高自己的信息化能力和创新能力，最终实现提升综合素质和全面健康及可持续发展的目标。学生在终身学习和终身体育锻炼中获得的进步和取得的成果将使其在社会发展中发挥更大的价值，做出更多的贡献，从而进一步推动信息化社会的发展。

五、有利于体育教师克服自身局限，改善教学效果

在体育教学中，教师往往要做大量的示范，如果是有难度的动作或细节上容易出错的动作，教师的示范量又会增加。一些年龄较大的体育教师因为体质的下降，做示范时往往会出现动作不规范、不标准的问题，只能示范一个大概，而且大量的示范也增加了运动损伤的风险，甚至一些教师为了避免出现错误和发生损伤，直接忽视了技术性强的动作，只选择一些简单的动作来示范，这些都不利于学生掌握教学内容，有时还会使学生因为教师教学不规范而对体育课产生怀疑和抵触心理。对此，体育教师有必要将信息技术融入课堂教学中，利用信息技术手段制作多媒体课件，使学生在课件中欣赏和学习完整、准确、优美的动作示范，并重复播放教学视频，使学生逐步掌握。这就弥补了教师自身条件的限制，有效提高了体育课的教学效果。

需要注意的是，即使选用多媒体课件进行教学，体育教师也不能完全松懈，还是要做必要的示范和讲解，尤其是在播放教学视频的过程中要讲解动作要领、细节和易犯错误，使学生建立正确而完整的动作表象。此外，在学生自主练习时，教师要加强监督和指导，及时指出错误，以免形成错误的动力定型。

运用多媒体课件进行教学对体育教师的信息化教学能力提出了一定的要求，这也是体育教师提升自己信息化教学素养的好机会。

第二节　信息技术在高校体育教学中应用的基本条件

一、信息技术的条件

在高校体育教学中应用信息技术，开展信息化教学，首先要有先进和丰富的信息技术资源，如果缺乏这一基础条件，信息技术不可能与体育课程教学充分整合，更无法深度融合。信息技术资源为体育教学与信

息技术的融合提供了基本物质条件,其作为体育信息化教学的重要工具和手段发挥了举足轻重的作用。

下面从两个方面来分析信息技术在高校信息化教学中的重要性。

（一）数字化硬件环境建设的必备条件

数字化教学环境的建设为高校信息化体育教学的开展提供了重要的条件。建设数字化硬件环境,要以信息技术为依托,基于信息技术而建设各种硬件教学设施,为教学工作的开展提供物质条件。信息技术主要用于下列数字化硬件设施的建设中:

（1）高校技术设施建设(以多媒体技术为核心)。

（2）高校体育网络建设。

（3）高校体育广播建设。

（4）高校体育远程教育系统建设。

（5）高校体育信息化管控系统建设。

（二）课程资源开发的必备条件

体育课程实施的程度、体育课程与信息技术融合发展的效果一定意义上都取决于体育教育资源和信息化教育资源的开发和利用水平。为了有效推动体育教学与信息技术的融合发展,必须大力开发信息化教育资源,在这方面的建设中增加投入力度。经济条件好的地区还可以对远程资源如网络教育资源等进行开发;经济条件较差的地区,可对隐性课程资源、本土特色资源进行开发,因地制宜,充分发挥本地特色课程资源,尤其是民族特色和地区特色课程资源的价值,从而丰富体育教学内容资源,使学生喜闻乐见的本土资源充分调动其学习的积极性。

在体育信息化教学中开发课程资源,要将信息技术这一重要工具充分利用起来,发挥信息技术的功能,对丰富的资源进行高效率的收集、整理、加工及利用。在不同地区或不同高校的教育资源建设中,信息技术也发挥了重要的媒介功能,为地区之间和校际沟通提供了重要的交流渠道和便捷的交流平台。

二、体育教师的信息化教学能力

体育教师的信息化教学能力和信息素养水平在一定程度上决定了信息技术在体育教学中的应用程度和效果,也决定了体育教学与信息技术融合发展的结果。体育教师良好的信息化教学能力是实施素质教育和信息化教学、培养创新人才的根本保证。

体育教师既要有高度的信息意识,也要有良好的信息化教学能力,要善于将信息技术应用到课堂上,借助信息技术工具设计课程模式,提升体育教学的效率和水平。

三、学生的主观意愿

体育教师在教学过程中应用信息技术能否达到预期的效果,与学生对信息技术的态度和接受意愿、学生的体育信息化学习需求等有直接的关系。如果学生肯定信息技术的重要性,信息化学习需求较高,接受信息化教学模式的意愿强烈,那么体育教师将信息技术引进课堂教学中就能获得学生的认可,得到学生的配合,这样就能充分发挥信息技术对体育教学的作用,提高课堂教学效率。

反之,如果学生主观上不接受信息技术,对信息技术的重要性持怀疑态度,没有强烈的信息化学习需求,也没有主动探索信息技术和学习资源的意识,那么就会给信息技术在体育教学中的应用带来阻碍,影响体育信息化教学的效果。

第三节 信息技术在高校体育教学中应用的问题与解决对策

一、信息技术在高校体育教学应用中存在的问题

(一)教学资源分散

要在体育教学中更好地应用信息技术,充分发挥信息技术教学工具

的重要价值,首先要保障有丰富的信息化教学资源,要对体育资源共享平台进行构建,并维护平台的稳定性,这就需要加强对体育网络资源的开发利用,对和谐的信息化体育教学资源环境进行创建。但目前我国高校的体育教学资源并不集中,很多高校还没有从本校办学条件出发建立突出本校特色的体育教学网络和体育学习资源库,而且高校的校园网基本上处于独立状态,影响了教学资源的共享。

（二）尚未针对体育学科建设信息技术课程

高校体育课程和信息技术课程是完全独立的两类课程,日常体育教学中基本不涉及信息技术类教学内容。虽然一些高校针对体育专业学生开设了计算机课程,但教学内容以计算机基础知识和基本操作方法为主,学生只能掌握一些最基础的信息技术,掌握的技术不仅少,而且掌握程度不深,缺乏深层理解与灵活运用能力。由于信息技术课程与体育学科的联系不紧密,导致学生无法将掌握的信息技术灵活运用到体育学习中。

（三）体育教师的信息素养较低

高校一些体育教师对信息技术辅助体育教学的理论缺乏深入理解,对信息技术辅助学科教学的应用缺乏清晰认识。虽然体育教师能够利用互联网搜索素材,并通过计算机软件制作教学课件,但体育教师缺乏校际合作、资源共享和交流沟通的意识,而且对数据分析以及多媒体音视频软件处理也缺乏熟练的掌握,从而影响了信息技术在体育教学中的应用效果。

（四）学生的信息化学习能力有待提高

现在依然有很多大学生一味地被动接受知识,缺乏主动思考的能力,没有运用信息技术拓展自己的学习思维。即使体育教师在教学中运用了信息技术辅助教学手段,但因为学生自身意识不高,意愿不强,所以其信息技术能力并没有明显提高,还有些学生缺乏自制力,打着学习信息技术的旗号沉迷网络游戏,最后不仅没有掌握信息化技术,还养成了不良生活习惯。

二、进一步促进信息技术在高校体育教学中应用的策略

（一）建设和完善体育教学资源库

高校要加大硬件设备建设的投入力度，进一步完善信息化硬件资源建设，重视多媒体教室建设，通过制作高品质课件、形象的演示以及精彩的剪辑调动学生学习的积极性。此外，高校应尽可能使每个教室的计算机设备与互联网、校园网连接，方便体育教师随时查找资料。

（二）推动信息技术与体育教学的深层融合

组织体育教师和计算机教师进行相互交流和沟通，通过合作的方式，利用信息技术的优势开发体育网络课程，结合体育学科的特点，有针对性地开设数据分析、图片处理等教学和培训课。

信息技术类课程更新速度较快，虽然资源丰富，但淘汰速度也快。在信息技术与体育教学融合的过程中，体育教师不仅要为学生输送前沿的教学内容，还要培养学生利用信息技术自主探究学科前沿知识的能力，使学生具备信息化学习能力，能够自觉主动地将信息技术运用到体育学习中，实现信息技术与体育学习的深层结合与高度融合。

（三）提高体育教师的信息化教学能力

如何运用好计算机是解决信息技术在体育教学中应用问题的前提条件，而体育教师计算机水平的高低是决定性因素，提高体育教师的计算机水平是体育教师培养中迫在眉睫的重要任务。由于体育教师的计算机水平参差不齐，所以高校在培养前首先应了解教师的实际水平，然后再制定培养目标和设计培训计划。在培训中，应注重对计算机操作技能的培训，尤其注重基础知识与基本技能的培养，注重培训的可持续性，促进体育教师信息化智能结构的完善和信息化教学能力的提升，以适应信息技术的发展变化与信息化时代体育教学的改革需要。[1]

---

① 赵呈领.信息技术与课程整合[M].武汉：湖北科学技术出版社，2006.

（四）培养学生运用信息技术学习的能力

传统体育教学模式下，学生的学习是被动的，缺乏自主性、主动性，也没有体现出个性化。而信息化教学打破了这个局面，在体育教学中应用信息化教学手段，学生不再像以前一样被动接受教师灌输的知识，也不再只从教材中获取知识。依托信息技术和计算机技术而建立的互联网学习平台为学生提供了丰富的学习资源，学生可以根据自己的学习需要搜索资料，获取学习资源，直接或经过加工后加以利用。互联网上的各种交流软件也为师生之间和同学之间的在线交流、讨论提供了良好的平台，学生可以通过在线答疑模块解决自己的学习问题，不需要再像以前一样要等到下一次上课才能提出和解决问题，实时答疑和解决问题大大提高了学生的学习效率，也增加了师生互动的机会。互联网学习资源拓展了学生的学习空间和时间，使学生从课堂教学的时空限制中走出来，随时随地学习、交流，逐渐养成良好的信息化学习习惯。

信息化时代，高校体育教学的改革与创新要重视对学生信息化学习能力的培养，使学生有意识地将信息技术运用到日常学习中，培养良好的自主学习习惯，提升学习效率，同时提升自己的信息化素养，适应信息时代社会发展的要求。学生不仅要学会从现有的网络学习资源中获取对自己有用的资源，还要尝试自主开发学习资源，建设学习资源库，上传学习资源，分享给其他学生，从而提升自己的探索能力、创新能力。

有学者指出，培养学生的信息化学习能力应该是信息课程教学的任务，而不是体育教学的任务。这是一种片面的认识，培养学生的信息化素养当然主要应依靠信息技术类课程教学，但也不能否认其他课程教学在这方面的作用，更不能完全将这一培养任务从其他课程的教学中分割出去。因为学生的信息化学习能力是体现在不同学科的学习中的，学生对信息技术的运用是在各个学科的教学中体现出来的，因此要结合学科特点来培养学生的信息化学习能力，使学生善于运用信息技术来进行高效率的学习。因此，体育课程教学要根据学校办学条件和信息化条件而建立体育网络教学资源平台，创建良好的网络学习环境，培养学生运用信息技术进行学习的意识和习惯。

第四节　信息技术在高校体育教学中应用的案例

一、信息技术在高校网球教学中的应用

（一）基于信息技术的引导—自主教学模式设计

利用信息技术设计的引导—自主式体育教学模式如图 9-1 所示，教师可在该模式的指导下展开体育教学，将信息化教学内容合理融入体育教学中，提高体育教学的信息化水平和体育信息化教学质量。

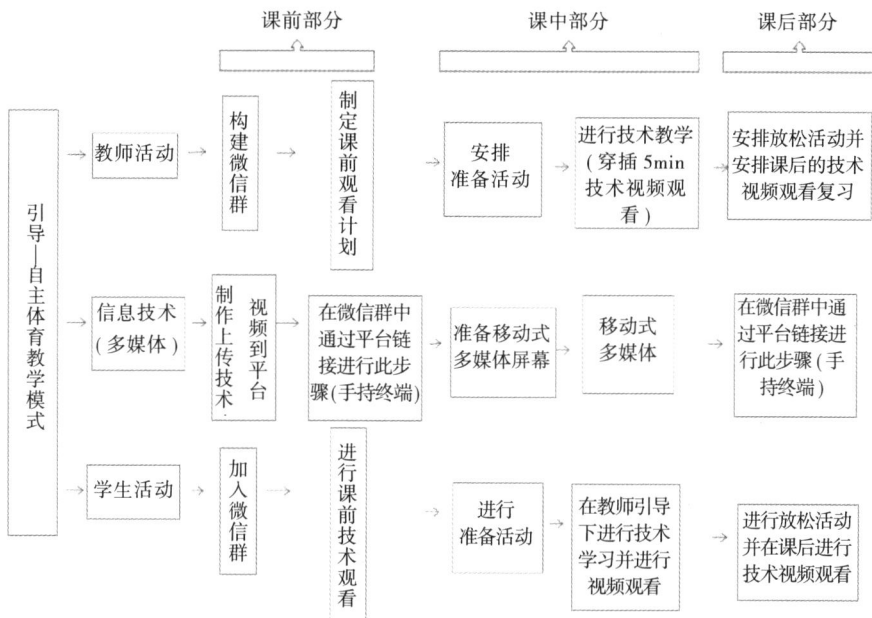

图 9-1　基于信息技术的引导 - 自主体育教学模式设计图 [①]

之所以要基于信息技术而设计引导—自主体育教学模式，主要目的表现在下列三方面：

（1）为了在体育教学中进一步普及信息技术和多媒体教学手段。

（2）为了便于学生快速形成正确的动作表象。

[①]　王涛.信息技术在体育教学中的应用研究——以天津青年职业学院为例 [D]. 天津职业技术师范大学，2018.

（3）为了进一步促进体育教学与信息技术的深度融合。

在信息化教学模式中,完整的体育课堂教学被划分为下列三个阶段,每个阶段都不同程度地融入了信息技术和多媒体教学手段。

1. 课前部分

体育教师在课前通过制作小视频来呈现技术动作,然后将视频发给学生,使学生在课前通过观看视频预习将要学习的技术,对技术动作的基本要领、基本环节等有初步的了解,这样有助于对学生的学习兴趣进行培养,并提升学生主动学习的意识。

体育教师在课前准备阶段要以学生的实际情况为依据设计教学方案,选择恰当的教学内容和教学方法,明确哪些是教学重点,哪些是教学难点,还要在大脑中预演基本的教学过程。有了基本的了解和大致的方向后,围绕教学内容制作小视频,重点呈现所教技术的动作轨迹、动作姿势,在学习网站上传视频,让学生在指定网站查看教师上传的视频,提前做好预习准备,对接下来要学习的技术做到心里有数。

2. 课中部分

在课堂教学中,先做必要的热身活动,学生在教师的组织和指导下进行基本的热身练习,然后进入正式的技术学习阶段。体育教师结合已经制作的技术视频来展示要教的技术动作,播放视频的同时进行讲解,并亲自示范,让学生对技术动作有清晰的了解。体育教师可以将便携式多媒体设备运用到课堂中,或引导学生运用多媒体设备来学习,使学生对动作技术的记忆更加深刻,对技术的掌握更加熟练。此外,要将引导—自主教学模式和其他教学模式结合起来,在课堂教学中交叉运用教学模式,以提高教学效率。体育教师向学生现场展示教学视频的过程中,要放慢关键技术的播放速度,并重点讲解这部分内容,反复播放与强调,使学生重视起来,避免在练习时出现错误。体育教师也可以指定学生上台按照视频中呈现的动作方法进行示范,以了解学生的预习情况和技术掌握情况,并了解通过视频教学达到了怎样的效果,确定是否还需要反复播放视频。

3. 课后部分

在课堂教学的结束部分,以学生的课堂学习和掌握情况为依据而对课后学习任务进行布置和安排,让学生在课后利用手机或电脑再次反复观看教学视频,不断复习巩固,改进动作,提高动作完成质量,为下节课的教学打好基础。学生在课后学习中如果有难解的问题,可以在线咨询和请教教师或同学,或者如果自己有好的学习方式和经验,也可以给其他同学分享,通过师生、生生互动来提高教学效果,实现学习上的进步和全方面的发展。体育教师建立的班级微信群为学生在线提问、答疑、交流互动、分享资源和经验等提供了良好的平台,也活跃了班级氛围,拉近了师生关系,使学生之间建立了良好的友谊,共同营造了轻松、愉悦、和谐的教学环境,这是提高体育教学质量的重要条件。

（二）新型教学模式在网球教学中的应用

将引导—自主体育教学模式应用于网球技术课的教学中,具体安排见表9-1。

表9-1 新型教学模式下的网球技术课教学安排 [1]

课程结构		活动	运动强度
准备部分	课前准备（5 分钟）	学生通过微信群,观看本节课技术教学内容	强度小,正常心率
	课中准备（15 分钟）	慢跑、静力性牵拉、专项准备活动	心率 90 ~ 110 次 / 分
基本部分	技术教学（20 分钟）	技术讲解、技术示范	强度小,正常心率
	多媒体教学（5 ~ 10 分钟）	观看技术视频并讨论（形成表象）	强度小,正常心率
	练习（20 ~ 30 分钟）	学生练习,教师纠错、追加反馈	强度大（心率 115 ~ 155 次 / 分）
	休息（5 ~ 10 分钟）	积极性休息	强度小
结束部分	放松活动（15 分钟）	慢跑、静力性牵拉、相互放松	强度小,心率 80 ~ 100 次 / 分
	布置作业（3 分钟）	观看教学视频,自主练习,复习巩固,熟练掌握技术	

基于信息技术而构建的引导—自主式体育教学模式应用于高校网球教学中,将网球教学课划分为准备部分、基本部分和结束部分,在各

---

① 王涛.信息技术在体育教学中的应用研究——以天津青年职业学院为例[D].天津职业技术师范大学,2018.

个部分的教学中都穿插使用了以信息技术为基础的多媒体手段。

1. 准备部分

教师围绕教学内容制作教学小视频,建立班级微信群,让学生先查看教学视频,自己预习动作,对动作技能的基本姿势和动作要领有初步的了解。

2. 基本部分

教师将信息化教学手段运用到课堂中,通过移动式多媒体屏幕和设备来展示动作技能,让学生观看准确的动作示范,并展开讨论,活跃了课堂氛围。

3. 结束部分

在班级微信群中上传课堂教学视频链接,学生可以用手机、平板或电脑观看教学视频,为学生巩固复习、反复练习、对比分析、自我评价等提供了重要的学习和参考资源。

二、信息技术在高校健美操教学中的应用——健美操网络课程教学设计

网络课程是以计算机网络为教学媒介所进行的教学活动,其具有课程覆盖民主化、课程内涵多样化、课程结构网络化、课程单元模块化、课程载体多媒体化、课程实施交互化等特征。

从网络课程的结构来看,其一般包括五个模块,分为授课内容、课余练习、自我测验、师生交流、专题讨论,如图 9-2 所示。

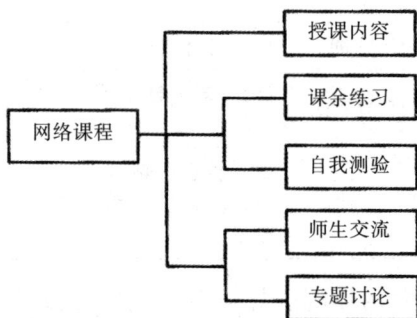

```
                    ┌──────────┐
                ┌───│  授课内容  │
                │   └──────────┘
                │   ┌──────────┐
                ├───│  课余练习  │
                │   └──────────┘
   ┌────────┐   │   ┌──────────┐
   │ 网络课程 │───┼───│  自我测验  │
   └────────┘   │   └──────────┘
                │   ┌──────────┐
                ├───│  师生交流  │
                │   └──────────┘
                │   ┌──────────┐
                └───│  专题讨论  │
                    └──────────┘
```

图 9-2　网络课程的结构[①]

----

① 陆宏,孙月圣.信息技术与课程整合的理念与实施 [M].北京:首都师范大学出版社,2007.

网络课程的实施一般有两种模式：一是以课堂教学为主、网络课程为辅的模式，二是以网络课程为主的模式。后者是一种开放式、远距离的教学方式。随着网络教育、终身教育的兴起，这一模式在信息化时代得到迅速发展，它的应用模式能够为体育网络课程教学的设计与实施提供一定的借鉴，如图9-3所示。

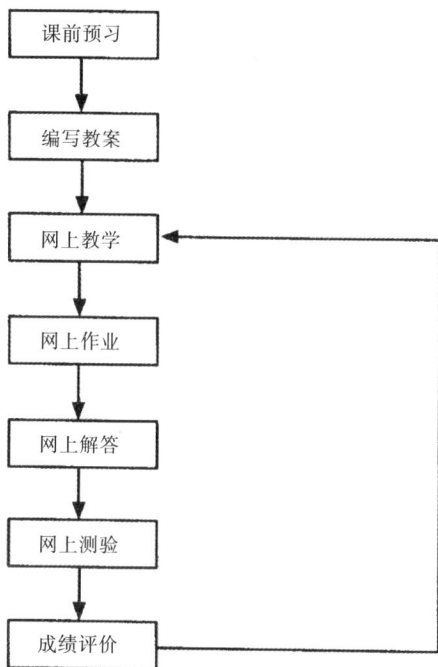

```
课前预习
   ↓
编写教案
   ↓
网上教学 ←─────────┐
   ↓               │
网上作业            │
   ↓               │
网上解答            │
   ↓               │
网上测验            │
   ↓               │
成绩评价 ──────────┘
```

图9-3　网络课程的模式①

对网络课程及其实施模式有了一定的认识之后，下面具体分析网络课程模式在健美操教学中的应用。

（一）健美操教学目标的设计

健美操网络课程的教学目标是多样化的，而且具有鲜明的层次性。以网络课程模式实施健美操教学，不仅要将教学内容呈现给学生，将丰富的网络学习资料提供给学生，引导学生在网络平台获取知识和信息，还要从不同学习水平的学生的实际情况出发，结合不同教学内容的特征

---

① 陆宏，孙月圣.信息技术与课程整合的理念与实施[M].北京：首都师范大学出版社，2007.

制定具有层次性的教学目标,再根据不同层次的教学目标有针对性地制定实现各个层次目标的有效教学策略,使不同水平和基础的学生都能有所收获,实现进步与发展。健美操网络课程的多元化教学目标见表 9-2 所示。

表 9-2　健美操网络课程教学目标 [①]

目标领域	目标体系	目标表述
认知领域	言语信息(陈述性知识)	1. 了解健美操运动的基础知识、发展简况及趋势
		2. 了解健美操健身知识与方法
		3. 熟悉健美操术语
		4. 领会健美操科学理论
		5. 了解健美操训练、比赛组织和裁判方法
	智慧技能	1. 领会和运用一定的教学方法、组织教学
		2. 通过图片、录像学习动作
		3. 按照健美操创编原理和基本理论编排健美操动作
		4. 恰当评价健美操相关内容和活动
	认知策略	1. 能运用归纳法、表象法识记术语
		2. 能综合运用多媒体资料进行素材加工和动作创编
		3. 能自主选择恰当的学习方法练习自编组合动作
		4. 能通过搜索网络关键词获取健美操相关知识
		5. 能选择合适的学练方法以及获取、处理信息的方法
动作技能领域	动作技能	1. 掌握健美操基本动作、组合动作的教学方法和技能
		2. 掌握健美操动作简图的绘制技能
		3. 熟练掌握和表演一套健身健美操成套动作
		4. 形成良好的节奏感、动作的美感和表现力
情感领域	情感态度	1. 能欣赏健美操表演,形成高尚的审美情趣
		2. 能接受独立或协作学习方式,并圆满完成学习任务
		3. 形成良好的健身与健康意识,将健美操作为个人兴趣爱好和锻炼形式

---

① 查春华.健美操网络课程设计及其教学实践应用的研究[D].北京体育大学,2005.

（二）健美操教学内容设计与资源建设

1. 教学内容设计与组织

健美操网络课程教学内容要比传统课程模式下的教学内容更具有系统性，同时也要突出先进性，要根据相关规范标准来表达教学内容，根据课程标准和教学大纲的要求来选择恰当的教学内容，从教学内容中体现体育学科发展的前沿性。

健美操教学内容主要包括健美操理论内容和实践内容两类，前者包含的内容有健美操基础知识、教学理论、训练理论、创编理论、竞赛理论等；后者包含的内容有健美操基本动作、组合动作、成套动作等。在网络课程模式下，建议采用模块化的方式来对这些丰富多样的健美操教学内容进行组织。教师划分教学模块时，要突出各个模块的相对独立性和相互关联性，主要依据教学单元和知识点的相关性来进行模块划分。采用模块化方式建立的教学内容组织结构应该具有开放性、层次性和动态性，要便于学生根据需要而有针对性地选择相应的教学内容和知识点。健美操网络课程教学内容的组织结构可参考图9-4。

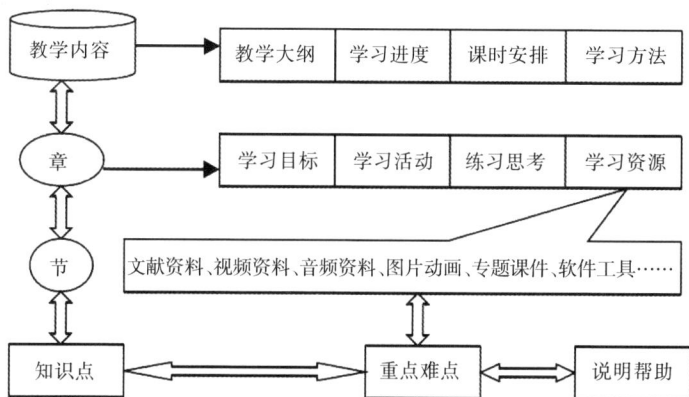

图9-4　健美操网络课程教学内容组织结构[①]

2. 教学资源建设

在健美操网络课程教学设计中，要重视教学资源和学习资源的开发

① 查春华.健美操网络课程设计及其教学实践应用的研究[D].北京体育大学，2005.

与建设,使学习资源尽可能丰富一些,以供学生自主选择,并使学生的学习需求和兴趣爱好得到满足。在教学资源建设中,对教学资源库的建设是关键,资源库的结构必须是合理的,从而为健美操教师上传资源,为学生搜索和应用资源提供便利。

网络课程模式下的学习资料是丰富多样的,教材和教师是学习资料的主要来源,但学生也可以自主开发学习资源,在教师的引导下自主建设学习资源库,这不但能够促进教学内容和学习资源的丰富,还能对学生的信息化学习能力、实践操作能力以及探索创新能力进行培养。健美操网络课程教学资源库的结构如图9-5所示。

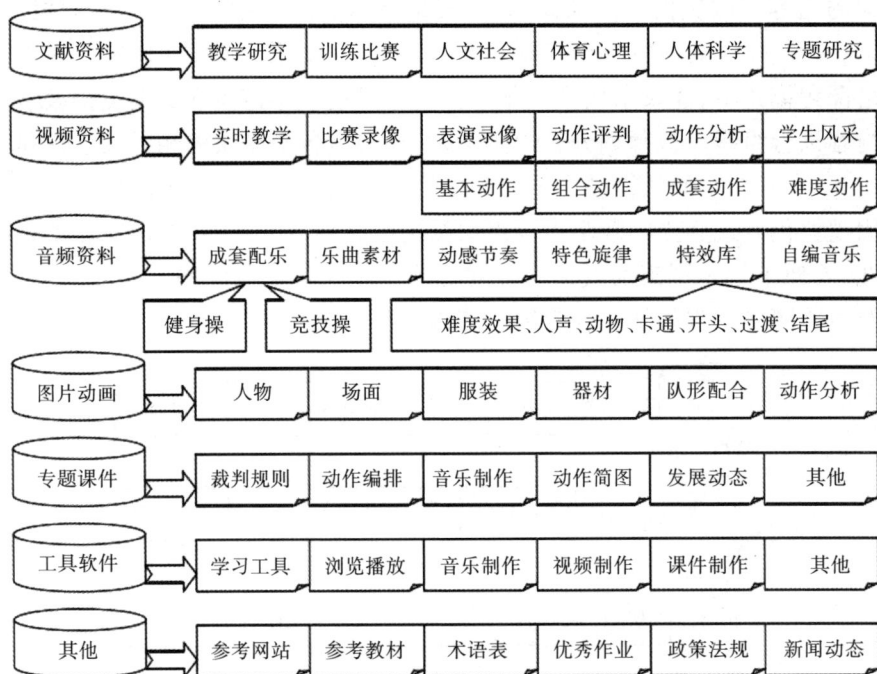

图9-5 健美操网络课程教学资源库的结构[①]

(三)健美操教学策略与活动设计

实施教学策略需要依托基本的教学活动,在教学过程中完成对教学策略的实施,发挥教学策略的作用。教学策略与方法的实施贯穿整个教

---

① 查春华.健美操网络课程设计及其教学实践应用的研究[D].北京体育大学,2005.

学活动的始终。在完整的健美操网络课程中,教学活动居于核心地位,所以教师要对教学活动进行全方位设计,活动形式与内容包括在线讲座、在线答疑、在线讨论、在线作业讲评、自主解决问题、协作解决问题等。将教学活动设计好后,教师根据教学活动的开展条件,再结合网络教学环境来设计相应的教学策略。健美操网络课程教学策略与活动设计见表9-3所示。

表9-3　健美操网络课程教学策略与活动设计[①]

学习任务	学习策略	活动内容
掌握基础理论知识	自主学习策略	按提示选择性阅读理论知识要点
	资源学习策略	按提示阅读相关文献资料,浏览相关网站和网页、课件、专题讲座
	问题学习策略	布置思考题
	交流互动策略	设置专题论坛进行探讨
	评定反馈策略	练习与测试
学习成套动作	情境激发策略	观摩多媒体资源库的丰富视频资料,激发学习兴趣,初步认识动作
	直观学习策略	通过录像预习和认识动作,形成动作表象、掌握动作概念或巩固技术动作
	交流指导策略	设置专题论坛进行交流、探讨和解答问题
	辅助学习策略	通过视频定格绘制动作简图,自学动作
	协作学习策略	成立学习小组,加强协作学习
	直观反馈策略	拍摄、上传学习者的动作录像,进行对比分析、改进动作
动作组合创编	任务学习策略	布置创编任务,说明要求
	资源学习策略	动作资料的搜集、资源共建与共享
	自主学习策略	通过视频录像自学组合动作,教师引导学生自建课程资源
	交流互动策略	开设专题论坛进行讨论,布置独立和协作任务
	直观反馈策略	拍摄创编动作录像,并对其进行分析,改进编排

① 查春华.健美操网络课程设计及其教学实践应用的研究[D].北京体育大学,2005.

（四）健美操网络课程支撑环境设计

健美操网络课程支撑环境由支持健美操网络课程教学的软件工具、教学资源以及在网络平台上实施的教学活动构成。在健美操网络课程开发设计中，支撑环境的设计非常重要，在设计中要充分体现网络课程设计的指导思想、理念、原则与要求。完整的健美操网络课程支撑环境包括课程管理、作业管理、试题管理、讨论答疑以及功能设计五个子系统，围绕这五个功能系统设计健美操网络课程支撑环境的模式如图9-6所示。

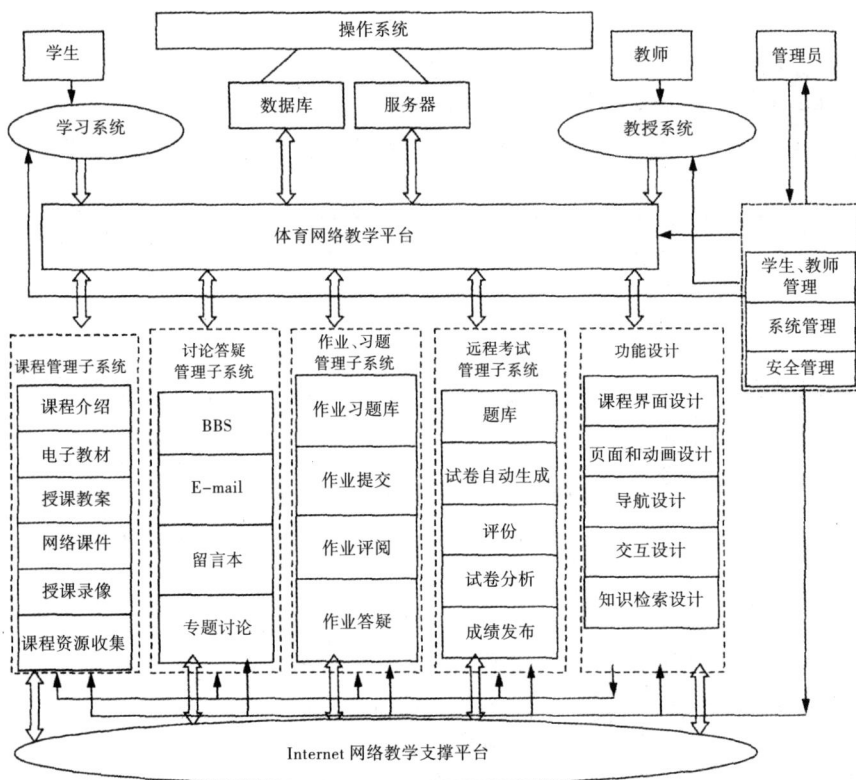

图9-6 健美操网络课程支撑环境设计模式 [①]

---

① 龚正伟.体育教学新论 [M].长沙：湖南师范大学出版社，2012.

参考文献

[1] 陈轩昂. 新时期高校体育教学的改革与发展 [M]. 北京：航空工业出版社,2019.

[2] 彭晶. 新时期高校体育教学的改革与发展 [M]. 汕头：汕头大学出版社,2018.

[3] 周遵琴. 高校体育教学改革与发展 [M]. 成都：电子科技大学出版社,2015.

[4] 杨乃彤,王毅. 高校体育教学创新及运动教育模式应用研究 [M]. 北京：九州出版社,2019.

[5] 周春娟. 高校体育教学的影响因素分析与改革探索 [M]. 青岛：中国海洋大学出版社,2018.

[6] 郭道全,魏富民,肖勤. 现代高校体育教学概论 [M]. 北京：中国商务出版社,2005.

[7] 张一春. 信息化教学技术与方法 [M]. 北京：高等教育出版社,2013.

[8] 姜永生. 信息化教学概论 [M]. 北京：中国铁道出版社,2018.

[9] 郝伟. 大数据时代下信息化教学的实践与应用 [M]. 北京：北京工业大学出版社,2018.

[10] 杨波. 信息技术教学与创新 [M]. 广州：广东人民出版社,2018.

[11] 曲艳红. 基于信息技术的教学方法 [M]. 哈尔滨：哈尔滨工业大学出版社,2015.

[12] 李豫颖. 信息技术教学论 [M]. 厦门：厦门大学出版社,2008.

[13] 曾大立. 信息化教育与英语教学 [M]. 北京：九州出版社,2018.

[14] 唐君. 高校英语信息化教学研究 [M]. 北京：中国国际广播出版社,2017.

[15] 赵呈领. 信息技术与课程整合 [M]. 武汉：湖北科学技术出版社，2006.

[16] 张剑平，熊才平. 信息技术与课程整合 [M]. 杭州：浙江大学出版社，2006.

[17] 李伟明. 信息技术与课程整合探索 [M]. 广州：广东教育出版社，2003.

[18] 陆宏，孙月圣. 信息技术与课程整合的理念与实施 [M]. 北京：首都师范大学出版社，2007.

[19] 威泽勇. 信息技术与中学体育教学的整合模式研究 [D]. 江西师范大学，2005.

[20] 郭亦鹏. 高校教学管理信息化建设 [M]. 长春：吉林大学出版社，2016.

[21] 舒盛芳，高学民. 体育教学设计 [M]. 上海：复旦大学出版社，2013.

[22] 韩晓钟. 信息化环境下体育教学模式与教学设计的研究 [J]. 中国战略新兴产业，2017（16）：80.

[23] 郑伟东，曹桂祥. 高校体育信息化课堂教学设计与应用的研究 [J]. 中国多媒体与网络教学学报（中旬刊），2019（11）：18-20.

[24] 李文高. 教学设计的新领域 信息化教学设计 [M]. 昆明：云南大学出版社，2013.

[25] 张振华. 体育教学策略与设计 [M]. 北京：北京师范大学出版社，2012.

[26] 李启迪，周妍. 体育教学方法与手段甄异 [J]. 体育与科学，2012，33（06）：113-117.

[27] 张晓东. 信息技术在高校体育教学中的应用 [D]. 苏州大学，2008.

[28] 高晓文. 信息技术在体育学科教学中的应用现状研究 [D]. 鲁东大学，2015.

[29] 王涛. 信息技术在体育教学中的应用研究——以天津青年职业学院为例 [D]. 天津职业技术师范大学，2018.

[30] 查春华. 健美操网络课程设计及其教学实践应用的研究 [D]. 北京体育大学，2005.

[31] 龚正伟.体育教学新论[M].长沙：湖南师范大学出版社,2012.

[32] 马腾,孔凌鹤.现代体育教学改革与信息化发展研究[M].北京：中国商业出版社,2018.

[33] 李金玲.现代体育教学改革与信息化管理[M].北京：新华出版社,2020.

[34] 冯春梅.信息化视角的体育教学[M].北京：北京工业大学出版社,2018.

[35] 宋伟.高校体育教学信息化应用研究[M].延吉：延边大学出版社,2019.

[36] 崔艳艳.我国普通高校体育教学环境研究[D].河北师范大学,2012.

[37] 石振国,田雨普.信息化时代体育教学环境的系统观[J].首都体育学院学报,2005（02）：85–87.

[38] 张有录.信息化教学概论[M].北京：中国铁道出版社,2012.

[39] 李瑞杰.智慧教育视域下高校智慧体育构成要素的理论与实践研究[D].北京体育大学,2020.

[40] 陈玉群.体育教学改革与发展历程的动态研究[M].北京：光明日报出版社,2016.

[41] 顾莉亚.体育教学信息化改革策略研究[J].体育世界(学术版),2017（02）：145–146.

[42] 郑立博.信息化时代的大学体育教学改革措施[J].科技展望,2016,26（13）：332.

[43] 贾振勇.体育教学改革与实践应用探究[M].北京：新华出版社,2018.

[44] 钱书恒.浅析信息技术在体育教学中的应用[J].当代体育科技,2020,10（32）：165–167.

[45] 孔庆英.关于体育教学方法选择的探讨[J].体育世界(学术版),2019（10）：127+126.

[46] 霍军.创新教育理念下体育教学方法理论与实践研究[D].北京体育大学,2012.

[47] 王丹.体育教学的理论与实践探索[M].北京：北京理工大学出版社,2019.

[48] 徐永亮 . 我国近现代体育教学方法演变研究 [D]. 聊城大学，2018.

[49] 何行 . 现代信息技术在高校体育教学应用中若干问题的研究 [D]. 湖南师范大学 , 2007.